KB022020

쉽게 쓴
스트레스 심리학

쉽게 쓴
스트레스 심리학

역경과 성장의 패러독스

송영선 장민희 정태연 오한진

솔과학

머리말

바야흐로 심리학의 전성시대이다. 삶의 행복이 최고의 가치라고 한다면, 사람의 행복을 찾아주는 열쇠는 심리학에 있다고 해도 과언이 아니다. 그 이유는 아마도 심리학은 사람의 마음을 연구하는 학문이기 때문이다. 사회적으로도 빠른 속도로 사람의 마음과 행복에 대한 케어를 위한 움직임이 일어나고 있다.

이러한 변화는 무엇보다도 물질적 욕구의 충족이 인간의 행복을 전적으로 보장하지 못한다는 깨달음에 기초한 것이다. 돈과 부와 명예가 중요하다 하지만, 실제로 많이 소유한 사람들도 불행한 경우를 우리는 많이 보고 있지 않은가. 이처럼 심리학은 겉으로 드러나는 삶의 조건보다는 내면의 마음의 본질이 중요하다는 사회적 트렌드를 이끌어가고 있다.

예를 들어 보자. 사람이 느끼는 스트레스의 최고 강도를 100점으로 볼 때 당신이 느끼는 스트레스는 몇 점에 해당하는가? 그와 같은 스트레스가 인생에서 행복한 사건이 없기 때문인가? 그럴 수도 있지만 그렇지 않을 수도 있다는 것을 심리학 연구는 매우 분명하게 보여주고 있다. 예를 들면 우리는 보통 결혼은 우리에게 즐거움만 줄 것으로 생각할 수 있지만, 실제로 결혼은 우리에게 50점 정도의 스트레스를 주는 사건이기도 하다.

이처럼 사람의 마음은 우리가 흔히 생각하는 외부의 조건이나 상황과는 다른 방식으로 작동할 수 있다. 그래서 심리학이 일반인에게는 쉽지 않은 분야일 수 있는 것이다. 그래서 모든 사람이 마음 관리를 중요하게 생각하더라도, 그들이 심리학에 쉽게 다가갈 수 있는 것은 아니다.

이 책은 일반 독자들이 겪는 이러한 어려움을 조금이나마 덜어주겠다는 취지로 기획된 작품이다. 즉 다양한 형태의 그림과 사례, 도표 등을 풍부하게 사용하여 심리학의 다양한 주제를 소개함으로써 심리학이 일반 대중에게 좀 더 친근하게 다가갈 수 있도록 기획된 프로젝트이다. 그 첫 번째 작품이 우리가 일상생활에서 겪는 스트레스에 대한 것으로, 저자들은 이 책에서 우리가 삶에서 가장 많이 경험하는 스트레스를 원인과 증상 그리고 그것을 다루는 방법을 쉽게 설명하고자 노력했다.

스트레스는 우리 삶의 동반자이자 적이다. 우리는 항상 스트레스를 받을 수밖에 없고 그것에 대처하면서 살아갈 수밖에 없다. 그러나 우리는 그것에 대해 잘 모르기 때문에, 어쩔 수 없이 받으면서도 때로는 비효율적인 방식으로 해소하면서 살아가고 있다. 사람들이 스트레스와 친해지고 스트레스를 잘 해결하며 살았으면 하는 바람이 이 책에 담겨 있다. 이 책을 통하여 독자들이 스트레스의 실체를 파악하고 해결하는 계기가 되었으면 한다.

2021년 11월
저자 일동

차
례

머리말 · 5

1
스트레스, 첫 만남은 불편하게

1 스트레스란 무엇일까 · 15

자극으로서의 스트레스 · 17

① 외상적 사건: 강력한 한 번의 경험이 삶을 무너트린다 · 18

② 생활 사건: 삶의 변화는 적응을 요구한다 · 20

③ 일상의 골칫거리: 잔소리 때문에 진짜 못 살게 될 수도 있다 · 20

반응으로서의 스트레스 · 24

상호작용으로서의 스트레스 · 30

2 스트레스의 특성 · 33

2

스트레스와 친해지기

1 샐리애의 일반 적응 증후군 · 45

① 경고단계: 입이 바싹 마르고, 아무런 생각이 안 드는 단계 · 47

② 저항단계: 스트레스가 만병의 근원이 되는 단계 · 52

③ 소진단계: 삶의 모든 것이 무의미해지는 단계 · 54

2 라자루스의 스트레스 교류 모형 · 56

3

스트레스, 지피지기면 백전백승

1 삶의 변화와 스트레스 · 67

2 스트레스의 두 가지 원인 · 71

대인관계: 가까이 하자니 피곤하고 멀리하자니 외롭다 · 72

과업 원인: 선택하고 예측하고 통제할 수 있는가? • 85

① 목표: 목표를 달성하기 위해 필요한 네 가지 자원 • 86

② 통제감: 하면 된다는 믿음의 중요성 • 89

③ 역할: 나에게 요구하는 것을 명확히 이해하는 것 • 92

④ 해야할 일을 꾸준히 유지하고 예측할 수 있는 것 • 95

3 스트레스의 증상 • 101

부정정서 • 102

탈진 • 116

신체적 증상 • 120

① 심장혈관계 • 121

② 내분비계 • 123

③ 근육계 • 125

④ 면역계 • 126

⑤ 소화계 • 127

4 스트레스 대처 방안 • 129

문제 중심 대처: 나를 괴롭히는 '문제'와 정면승부 • 130

정서 중심 대처: 내 마음 속 다락방에 문제를 가두기 • 132

사회적 지지추구: 내 마음을 알아주는 한 사람이 있다면… • 137

문제 회피: 그 문제는 없던 걸로 하고 싶다 • 139

4

혼자서 하는 일상 속 스트레스 관리

1 나의 욕구와 신념 돌아보기 · 147

동기관리: 현실성 있는 목표 설정하기 · 148

인지 관리: 생각의 방향을 점검하기 · 157

① 합리적 정서 행동 치료 · 157

② 자동적 사고와 인지적 오류 수정하기 · 166

2 이완법 · 173

3 자기긍정과 감사 · 177

마무리 · 182

이　　　름: 스트레스
나　　　이: 호모사피엔스보다 훨씬 더 앞서 탄생했을 것으로 추정
특　　　징: 숨막히는 동안 외모
하 는　일: 사람 어깨에 올라타기, 가슴 압박하기, 탈모 유발하기,
　　　　　잠 깨우기, 여드름 유발하기 등등
알아둘 점: 이 모든 것에 악의는 없다고 한다.

1

스트레스,
첫 만남은
불편하게

스트레스의 정의와 종류

아마 스트레스를 전혀 받지 않는 사람은 우리 중에 아무도 없을 것입니다. 스트레스로부터 완벽하게 자유로운 삶은 아마도 죽음 이후에나 가능할 것이기 때문입니다. 그만큼 스트레스는 인간의 삶과 떼려야 뗄 수 없는 아주 밀접한 것입니다. 그렇다면 우리는 스트레스와 친구가 되어 이것과 잘 관계 맺는 법을 배우는 것이 더 현실적이고 효율적일 수 있습니다. 원수 같은 스트레스와 어떻게 친밀해질 수 있을까요? 우선 불편한 첫 만남을 시작해 봅시다.

1

스트레스란 무엇일까

중학생인 김양은 요즘 친구들과의 관계 때문에 부쩍 걱정이 많습니다. 친구들이 자신을 빼고 대화를 하는 것 같고, 친구들과 어울리기 부담스러워 학교에 가기 싫다는 생각에 아침에 눈을 뜨는 것이 어렵습니다.

대학생인 송군은 최근 취업 준비로 불안하고 초조합니다. 나름 열심히 준비한다고 노력했는데, 막상 졸업을 앞두고 취업 사이트를 보는데 한없이 자신이 작아지고 앞길이 막막합니다. 밤에 누워서 자려고 하면 알 수 없는 불안감에 잠을 설치기 일수입니다.

워킹맘 이씨는 요즘 탈모가 심해져 걱정입니다. 회사 일도 버거운데, 집에서 어린 자녀를 양육하느라 몸이 열 개라도 모자랄 판입니다. 하루종일 정신 없이 일을 하고 집에 돌아와 밀린 집안일을 하다보면, 혼자 여유를 부릴 틈이 없습니다. 가끔 모든 것을 내려놓고 훌쩍 떠나고 싶다는 생각을 합니다.

스트레스는 나이와 상관없이 누구나 경험하게 됩니다. 불편한 인간관계, 불안한 미래, 바쁜 일과 때문에 말 그대로 손가락 하나 까닥하기 귀찮은 상황 모두 우리의 가슴을 조이고 압박해 옵니다.

스트레스라는 단어는 '조이다, 압박하다'의 의미를 가진 라틴어 동사 'stringere'에서 기원하는데 이는 스트레스가 가진 본질적 성격을 잘 담아내고 있습니다. 스트레스는 외부에서 우리에게 일방적으로 가해지는 압력이고, 우리는 그것에 수동적으로 반응하게 되는 존재라고 생각하기 쉽지만, 스트레스와 우리의 관계는 그렇게 단순하지 않습니다. 스트레스는 다음과 같이 세가지 관점으로 설명할 수 있습니다.

자극으로서의 스트레스

먼저 스트레스 자체를 예측할 수 없는 강력한 외적 자극으로 보는 관점입니다. 쉽게 말해, 우리가 원치 않았지만 외부에서 나타나는 크고 작은 사건들 때문에 심리적으로 어려움을 경험하게 하는 것입니다. 이것은 크게 외상적 사건, 생활 사건, 일상의 골칫거리로 나눌 수 있습니다. 예를 들어, 사랑하는 사람과의 이별 혹은 사별, 큰 질병이나 사고, 재난, 입시나 사업의 실패, 심지어는 매일 반복되는 잔소리나 소음 등으로 우리는 스트레스를 경험합니다.

스트레스는 외상적 사건, 생활사건,
일상의 골칫거리로 구분할 수 있다.

① 외상적 사건: 강력한 한 번의 경험이 삶을 무너트린다

외상적 사건은 우리가 흔히 알고 있는 트라우마Trauma입니다. 이것은 우리가 경험할 수 있는 아마 인생에서 가장 끔찍한 사건, 혹은 기억하면 숨이 답답하고 심리적으로 감당하기 어려운 수준의 고통을 줄 수 있는 무서운 사건들입니다.

가령, 끔찍한 테러, 지진과 태풍과 같은 자연재해, 교통사고나 살인을 당할 뻔한 경험과 같은 사건이 바로 외상적 사건이라 할 수 있습니다. 아마 우리 모두는 이러한 사건을 뉴스를 통해 접하게 되면, 내가 그 사건의 주인공이 아닌 것에 감사할 수도 있고, 실제 피해자들에 대한 깊은 연민을 느낄 수도 있습니다.

　특히 자연재해 혹은 인간이 어찌할 수 없는 전염병과 같은 사건은 우리로 하여금 큰 공포와 불안, 그리고 무기력을 경험하게 할 수 있습니다. 혹은 누군가의 의도적인 폭력과 살인, 그리고 심각한 괴롭힘 등은 평생에 걸쳐 분노를 경험하게 할 수 있습니다.

　하지만 외상적 사건을 경험한 후 어떤 사람은 심각한 외상 후 스트레스 장애를 겪기도 하지만, 외상적 사건에 대한 반응은 개인의 유전적 기질, 그동안의 인생 경험, 그 사람을 둘러싼 다양한 환경에 따라서 사람마다 다를 수 있을 수 있습니다. 즉, 동일한 외상 사건이라 하더라도 그 사건을 경험하는 개인에 따라 사건 후에 전혀 다른 반응이 나타날 수 있습니다.

② 생활 사건: 삶의 변화는 적응을 요구한다

생활 사건은 사별, 이혼, 실직, 타지역으로의 이사와 같은 중요한 인생 사건에서부터 소소한 일상의 사건에 이르기까지 매우 다양합니다. 생활 사건은 사건이 발생한 이후 변화된 상황에 적응해 가는 과정에서 발생하는 스트레스입니다. 인간은 완벽하게 고정된 상태로 살아갈 수 없습니다. 살아가면서 끊임없이 다양한 환경에 직면하고, 이러한 변화 속에서 인간은 기존에 자신이 가지고 있던 다양한 생각과 신념 등을 수정하면서 적응해야 합니다. 하지만, 기존의 익숙한 것을 고수하려는 인간의 강력한 인지적 특성 탓에 새로운 상황에 적응하는 것은 매우 도전적인 일이 됩니다.

외상 사건과 마찬가지로 생활 사건에 대한 사람들의 반응과 적응 역시 개인의 기질적 특성과 인지적인 사고의 특성 등에 따라 상당히 다르게 나타날 수 있습니다.

③ 일상의 골칫거리: 잔소리 때문에 진짜 못 살게 될 수도 있다

누군가의 반복되는 잔소리 때문에 짜증이 나는 것은 우리가 매우 흔하게 경험하는 일상적인 사건입니다. 그밖에

도 살면서 소소하게 경험하는 배우자와의 말다툼, 일과 가
정생활의 불균형, 장거리 출퇴근과 교통체증 같은 것들이
일상의 골칫거리가 될 수 있습니다. 크게 위협적이지는 않
지만 작은 골칫거리가 반복되면 우리는 마찬가지로 스트

레스를 경험할 수 있습니다. 가령, 생명을 위협하는 큰 질병은 아닐지라도 때를 맞춰 약을 먹어야 하는 번거로움은 만성질환자들에게 스트레스를 유발할 수 있을 것입니다. 또한, 회사에서 업무를 보면서 긴장을 하거나 마감의 압박을 반복적으로 경험한다면 우리는 어깨 통증을 느끼거나 만성적인 피로에 시달릴 수 있으며, 심각하면 삶의 의미를 더 이상 느끼지 못하게 되거나, 깊은 무력감에 시달릴 수도 있습니다. 이것이 바로 일상의 소소한 골칫거리를 무시하면 안 되는 이유입니다.

출퇴근 하다가 병이 나는 이유: 통근자 건망증

우리가 출퇴근으로 도로 위에 버리는 시간이 얼마나 될까요? 미국인은 출근하는 데 소요 시간이 평균 51분이며, 일본인은 평균 90분이 걸리고, 한국인 역시 편도 기준 50분 이상을 사용한다고 합니다. 교통지옥 속에서 우리는 하루 업무를 시작하기도 전에 우리의 인내심을 도로 위에서 다 허비할 수 있습니다. 실제로, 남성들은 출퇴근 시 교통 혼잡으로 경험하는 짜증과 분노 등을 출근해서 직장 동료들에게 푸는 경향이 있다고 합니다.

그렇다면 그 스트레스 수준은 어느 정도일까요? 영국의 데이비드 루이스 박사는 5년 동안 자동차 운전자 800명의

출퇴근하다 병나겠네!

혈압과 심박수를 기록한 후 이 수치를 경찰관 및 제트기 조종사와 비교하였습니다. 그결과 통근자가 느끼는 스트레스가 전투기 조종사가 느끼는 스트레스와 같은 수준임을 밝혀냈습니다. 또한, 상당수는 통근하며 느끼는 긴장과 스트레스 때문에 일상에서 적지 않은 수준으로 기억력이 감퇴했습니다. 이것을 루이스는 통근자 건망증이라고 불렀습니다. 오래오래 건강하게 내 정신으로 살려면 일단 회사 가까이 이사부터 가야겠습니다!!

출처: 요헨 마이 지음 (2012). 현실주의자의 심리학 산책. 서울: 지식갤러리

반응으로서의 스트레스

스트레스를 경험하면 우리는 다양한 반응을 보이게 됩니다. 이것은 우리가 의지를 가지고 수행하는 것이 아니며, 아주 빠르고 자동적으로 나타나는 불수의적인 것입니다. 이러한 반응에는 신체적 반응, 심리적 반응, 행동 반응 등이 포함됩니다.

먼저 신체적 반응은 입 마름, 근육경련, 심장박동 증가,

스트레스 경험에 대한 반응은 신체적 반응,
심리적 반응, 행동적 반응이 있다.

식욕부진, 위장장애, 두통 등으로 나타납니다. 가령, 공부를 할 때나 업무를 할 때 압박을 경험하면 우리는 머리가 깨질 것처럼 아프거나 소화가 잘 되지 않고, 근육통을 경험하곤 합니다. 또한, 누군가와 갈등을 경험할 때면 입이 마르고, 심장박동이 증가하면서, 식욕이 부진해지거나 혹은 식욕이 과도하게 증가하는 경험을 하게 됩니다. 병원에 가면 '스트레스 받지 마세요'라는 뻔한 말을 기본적으로 듣는 이유이기도 합니다. 즉, 우리의 몸과 마음이 연결되어 있기 때문에 경험할 수 있는 반응들입니다. 그리고 슬프게도 스트레스가 우리의 신체 노화를 상당히 촉진시킨다는 사실은 우리가 스트레스를 왜 잘 다루어야 하는지 중요한 이유를 제공해 줍니다.

심리적 반응은 분노, 무기력감, 불안, 피로, 우울증 등으로 나타납니다. 사랑하는 연인이 떠나간 당신의 과거 어느 하루를 되짚어 봅시다. 하루를 마치고 힘겹게 잠을 청하는데 갑자기 헤어진 연인이 생각나면 어느새 그리운 마음이 들다가 나도 모르게 화가 나기도 합니다. 내가 그토록 사랑했는데 어떻게 나를 떠나갈 수가 있는지 문득 억울한 마음이 몰려와 심장이 빨리 뛰더니 얼마 지나지 않아 서러운 마음에 눈물이 나기도 합니다. 사랑했던 지난날을 잊지 못할 것 같아 우울하고 무기력하다가 이내 잠이 들고 깨어나 보니 어젯밤과는 또 다른 마음에 하루가 낯설어집니다.

마치 한 편의 영화 속에서 다양한 장면이 바뀌듯 스트레스 상황에서 우리의 심리적 반응 역시 다양하게 나타날 수 있습니다. 어떤 것이 진심일까 궁금할 테지만 우리는 스트레스 사건을 겪을 때 다양한 정서들을 모두 경험할 수 있습니다. '내 마음을 나도 모르겠다'는 말이 절로 나올 수밖에 없습니다.

행동 반응은 혀를 깨무는 행동, 발을 동동 구르는 행동, 충동적 행동, 긴장성 경련과 같은 형태로 나타날 수 있습니다. 뒤에서 자세히 살펴볼 테지만, 우리는 의도적으로 우리의 행동과 태도를 변화시킴으로써 스트레스를 관리할 수 있습니다.

감기를 달고 사는 당신, 혹시 만성 스트레스?

혹시 감기에 유독 취약한 분이 계신가요? 우리가 잘 알고 있는 것처럼, 감기 바이러스에 노출이 됐다고 해서 동일하게 모두가 감기에 걸리는 것은 아닙니다. 한 연구에 따르면 건강한 사람들에게 감기 바이러스를 묻혀 코에 주입하였을 때, 일부 사람들은 감기에 걸리지만 일부 사람들은 감기에 걸리지 않았습니다. 그리고 감기에 걸릴 위험성은 그 사람들이 경험하는 스트레스의 지속 기간 차이에 따라 달랐는데, 한 달 미만의 급성적인 스트레스보다는 한 달 이상 지속되는 만성 스트레스를 경험하는 사람들이 더 많이 감기에 걸렸습니다. 특히나 실직을 하거나 가족 혹은 친구 등 친밀한 관계에서 어려움을 겪는 사람들이 더욱 감기에 취약했습

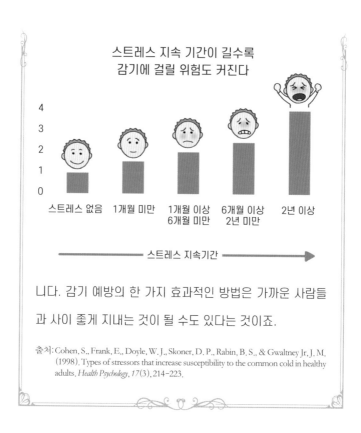

스트레스 지속 기간이 길수록
감기에 걸릴 위험도 커진다

스트레스 없음　1개월 미만　1개월 이상　6개월 이상　2년 이상
　　　　　　　　　　6개월 미만　2년 미만

스트레스 지속기간

니다. 감기 예방의 한 가지 효과적인 방법은 가까운 사람들

과 사이 좋게 지내는 것이 될 수도 있다는 것이죠.

출처: Cohen, S., Frank, E., Doyle, W. J., Skoner, D. P., Rabin, B. S., & Gwaltney Jr, J. M. (1998). Types of stressors that increase susceptibility to the common cold in healthy adults. *Health Psychology*, 17(3), 214-223.

상호작용으로서의 스트레스

스트레스는 앞서 설명한 것처럼 단순히 외적 자극이나

개인적인 반응이 아닌 상황에 대한 지각으로 정의할 수 있

습니다. 즉, 스트레스 상황과 개인의 특성이 서로 영향력
을 주고 받는 것이라 이해할 수 있습니다. 다시 말해 스트
레스 상황은 우리에게 일방향적으로 영향을 미치기보다
는 내가 그 상황을 어떻게 해석하고 평가하는지에 따라서
나에게 더욱 부정적인 영향을 미칠 수도 있고, 또는 가볍
게 지나가거나 혹은 오히려 긍정적인 영향을 미칠 수도 있
습니다.

심리학자들은 삶의 경험에서 개인은 수동적인 존재가
아니라고 주장합니다. 오히려 사람들은 능동적으로 세상
을 이해하고 새롭게 재구성할 수 있는 주체자입니다. 이것
을 '인지적 재평가'라고 합니다. 우리는 각자 살아가면서
자신의 경험을 해석할 수 있는 안경을 만들어냅니다. 각자

는 자신이 만들어 낸 안경의 렌즈를 통해 세상을 바라보는데, 누군가는 긍정의 렌즈를 끼고 있고 누군가는 부정의 렌즈를 끼고 있습니다.

그렇기 때문에 사람들이 동일한 스트레스 사건을 마주할 때에도 각자의 안경에 따라서 그 사건이 갖는 의미는 달라 질 수 있습니다. 객관적인 사건의 발생을 우리는 변화시킬 수 없습니다. 이것은 너무나 슬픈 일이지만, 다행히 우리는 그 사건의 영향력은 얼마든지 변화시킬 수 있습니다. 사건의 의미는 절대적으로 고정되거나 불변하는 것이 아니기 때문입니다.

2

스트레스의 특성

스트레스는 크게 단기적 스트레스와 장기적 스트레스, 그리고 부정적인 스트레스와 긍정적인 스트레스로 나누어 볼 수 있습니다. 스트레스는 나쁜 것이라고만 생각했지만, 스트레스가 없는 삶은 무료하고 권태로운 삶이 될 수 있다는 점에서 우리에게 양가적으로 다가옵니다. 그렇다면, 어떤 스트레스는 우리를 힘들게 하고, 또 어떤 스트레스는 우리에게 활력을 줄까요?

단기적 스트레스는 급성 스트레스라고도 부르는데, 이는 말다툼, 상사의 비판, 교통체증과 같이 일상 속에서 단기적으로 받을 수 있는 스트레스를 의미합니다. 스트레스

상황에서 갑자기 생각이 나지 않고, 고양이 앞의 쥐처럼 동결반응이 나타나서 당황스러웠던 적을 아마 한 번 쯤은 경험했을 수 있습니다. 이러한 경험은 단기적 스트레스가 자율신경계의 작용을 활발히 하여 혈압, 심박 수, 호흡률을 일시적으로 증가시키기 때문에 생깁니다. 이와 같은 증가는 진화적으로 인간이 위협적인 사건에 직면했을 때 전력을 다해 그 상황에서 도피하는 데 도움을 제공해 왔습니다. 하지만, 현대 사회에서 우리는 스트레스 상황에서 전력을 다해 도망치기보다는 침착하게 평정심을 유지하는 것을 더욱 필요로 할 수 있습니다. 다행스럽게도 일상에서

이러한 단기적 스트레스를 겪는 사람이 건강한 사람들이라면 정상 수준으로 금방 되돌아갈 수 있습니다.

한편, 장기적 스트레스는 만성 스트레스라고도 부르는데 반복적으로 피해를 입으면서도 그 상황을 피할 수 없는 경우에 발생합니다. 자신이 통제할 수 없는 스트레스 상황에 장기적으로 노출이 되면, 소화가 잘 되지 않고, 성적인 욕구가 감소하며, 여성의 경우는 월경이 중단되고 남성의 경우는 테스토스테론과 같은 호르몬의 감소로 정자의 생산이 감소되기도 합니다.

장기적 스트레스는 심장병, 고혈압, 우울증, 높은 콜레

스테롤 수치에 영향을 미치며 다른 합병증을 유발할 수 있습니다. 또한 심한 경우 몸의 시스템을 붕괴시켜 우리 몸이 제대로 작동하지 못하게 할 수도 있습니다. 이러한 만성적 스트레스는 단순히 며칠간의 휴식을 통해서 해소하지 못할 수도 있습니다. 조금 더 마음의 여유를 가지고 꾸준한 운동, 명상, 요가와 같은 이완요법과 다양한 대처를 통해서 스트레스를 해소해야 합니다.

특히, 햇볕 아래에서 산책을 하는 것은 스트레스 해소에 매우 유익합니다. 우리 몸이 햇빛을 흡수하면 비타민 D를 생성하는데, 이 비타민 D는 세로토닌이라는 신경전달물

질의 생성을 촉진합니다. 세로토닌은 의지력, 활동성, 좋은 기분을 촉진하는 물질로서 세로토닌이 결핍되면 우울증을 야기합니다. 단순히 햇볕을 쬐면서 풍경을 보고, 가볍게 움직이는 것만으로 당신은 스트레스로부터 벗어날 수 있는 시작 버튼을 누른 셈입니다.

　방금 앞서 살펴본 스트레스는 인간에게 부정적인 영향을 미치는 디스트레스distress에 해당합니다. 부정적인 스트레스는 자발적인 대처와 해결에도 불구하고 스트레스가 지속되는 것을 의미합니다. 부정적 스트레스는 사소한 고민과 걱정에서부터 실직, 이혼, 별거 또는 주변인의 사망

과 같은 충격적인 사건 때문에 발생합니다. 그리고 앞서 살펴본 것처럼 정신적 증상뿐만 아니라 신체적 증상까지 유발할 수 있다는 점에서 다소 위협적입니다.

하지만 스트레스가 항상 우리에게 부정적인 영향만을 주는 것은 아닙니다. 놀랍게도 적정 수준의 스트레스는 오히려 우리에게 긍정적인 영향을 줄 수 있습니다. 우리에게 긍정적인 영향을 주는 스트레스를 유스트레스eustress라고 합니다. 승진, 결혼, 출산과 같이 좋은 일에서 어느 정도의 불안, 긴장, 고민을 느끼는 스트레스가 여기에 해당됩니다.

즉, 삶의 변화를 유발하는 상황에서 우리는 새롭게 적응해야 하고, 그러한 적응과정에 필연적으로 스트레스를 경험하게 됩니다. 하지만 이러한 스트레스는 오히려 우리를 권태롭지 않게 해주며, 약간의 긴장감을 제공함으로써 우리가 살아있음을 경험하게 합니다. 늘 변화가 없는 삶이 얼마나 단조롭고 지루할지 상상해 보십시오. 이러한 긍정적인 스트레스는 심리적으로 자신이 스스로 무언가를 잘할 수 있다는 자율성과 자기효능감을 구축해주며 우리의 삶에 동기, 영감, 생기를 불어 넣어줍니다.

또한, 스트레스는 단순히 개인에 대한 긍정적 효과뿐만

이 아니라 사회적 유대도 강화시킬 수 있습니다. 스트레스를 느낄 경우 체내에 옥시토신 호르몬이 분비되어 사회적 유대를 강화시키게 옥시토신이라고 하는 호르몬은 우리가 위협적이거나 불안한 상황에서 다른 사람들과 가깝게 있도록 함으로써 두려움과 불안을 감소시켜주는 역할을 합니다. 그래서 사람들은 불안한 상황, 스트레스가 되는 상황에서 누군가와 함께 있으려고 하는 동기가 더욱 강화되는 것입니다. 혼자일 때보다 함께할 때 더욱 문제를 쉽게 해결할 수 있을 뿐만 아니라 정서적으로도 위로를 얻고, 불안이 감소되기 때문입니다. 이것이 우리가 어려운 상황을 함께 극복하면서 동료애가 더욱 증진되는 이유라고 할 수 있습니다.

결혼, 출산, 승진 등에 따라 불안과 긴장,
고민을 느끼는 것은 긍정적 스트레스에 해당된다.

2

스트레스와
친해지기

스트레스 이론
딱 두 개만 살펴보기

우리는 누구나 일상에서 스트레스를 경험하고 그것에 대해 이야기하지만, 그것을 과학적으로 정교하게 설명하는 것은 바로 이론의 힘이라 할 수 있습니다. 스트레스를 설명한 대표적인 이론으로는 <한스 샐리애Hans Selye의 일반 적응 증후군>과 <리차드 라자루스Richard Lazarus의 스트레스 교류 모형>이 있습니다. 일반 적응 증후군은 스트레스에 따른 신체 반응을 설명하며, 스트레스 교류 모형은 스트레스에 대한 인지적 평가 과정을 설명하는 모형이라고 간략하게 설명할 수 있습니다. 조금 낯설기는 하지만 지금부터 이 두 가지 이론이 우리에게 주는 의미를 알아보도록 하겠습니다.

1

샐리애의 일반 적응 증후군

스트레스 분야의 대표적인 학자이자 캐나다의 의사인 샐리애Selye는 스트레스를 받는 상황에서 일어나는 신체반응을 설명하는 '일반 적응 증후군 모델'을 제안하였습니다. 그는 쥐에게 추위, 감염, 열 등과 같은 만성 스트레스원을 제공하면서 실험을 진행했습니다. 그 결과 그는 매우 다양한 스트레스 사건들이 있음에도 불구하고, 부신피질의 확대, 림프선의 축소, 위궤양 등과 같은 유사한 생리적 변화가 쥐에게 나타난다는 점에 주목했습니다. 그리고 이를 통해 샐리애는 스트레스 자체를 비 특정적nonspecific 반응으로 개념화하였습니다. 다시 말해, 그는 스트레스는 다

샐리애

양한 상황과 요인들에 의해 일어날 수 있지만, 그에 따른 반응은 동일하다고 주장하였습니다. 그렇기 때문에 일반 적응이라는 표현을 사용한 것입니다.

샐리애는 스트레스에 따른 신체 반응을 경고, 저항, 소진 세 가지 단계로 구분하였습니다. 샐리애의 일반 적응 증후군은 스트레스를 자극으로 보는 초기 관점인데, 스트레스가 신체에 미치는 영향을 연구하고 측정하는데 큰 공헌을 하였습니다. 하지만

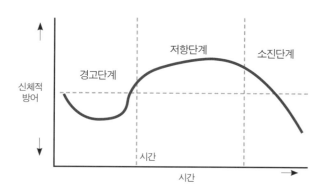

46

샐리애의 개념은 스트레스를 너무 단순화했다는 비판을 받기도 하였습니다. 샐리애가 제안안 경고자원동원, 저항스트레스 사건에 대한 대처, 소진자원 고갈 세 단계를 살펴보겠습니다.

①경고단계 : 입이 바싹 마르고, 아무런 생각이 안 드는 단계

첫 번째 경고단계 동안에는 스트레스를 유발한 위협적인 상황에 대한 신체의 방어가 나타나게 됩니다. 외부에서 스트레스 자극을 경험하게 되면서 자신 스스로 통제할 수 없는 즉각적이고 자동적인 신체적인 반응이 나타나게 되는 단계입니다. 즉, 나 스스로를 지키기 위해 자체적인 경보 시스템이 울리게 되는데, 교감신경계와 뇌하수체-부신피질계의 활성화가 이루어지는 것을 의미합니다. 이 단계에서는 에너지가 필요하기 때문에 신체  는 저장된 지방과 근육을 사용합니다.

먼저 교감신경계는 스트레스에 대해 즉각적으로 반응합니다. 즉, 우리 몸은 위급 상황에 빠르게 대처하기 위해

골격근을 최대한 효율적으로
사용하도록 만들고 이를 위해
서 일반 장기의 활동을 억제하
거나 촉진합니다. 스트레스를
받을 때 아무런 생각이 안 들
고, 소화가 안되는 경험을 다들

소화가 잘 안됨

해 보셨나요? 이것은 오랜 진화의 산물로서, 무서운 포식
자가 나를 덮칠 수 있는 위기 상황에서 복잡하게 생각하거
나 다른 장기에 에너지를 쓰는 대신 위협에 대응하여 '일

단 뛰기' 위한 것입니다.

입 안이 마름

그렇다면 스트레스를 받으면 구체적으로 어떤 신체 변화가 나타날까요. 먼저 억제 작용에 따라 여러 소화기관의 기능이 억제되고, 위장이나 기타 내장의 운동능력이 감소합니다. 소화기관의 혈관을 수축시켜 혈액 공급이 줄어들게 함으로써 혈액이 골격근으로 많이 가도록 합니다. 또한 침샘, 위선, 췌장선의 분비가 감소하여 혈관이 수축하는데, 특히 침샘에서 침의 분비가 줄어들게 됩니다. 이것이 바로 우리가 '긴장하면 입이 마른다'고 말하는 이유입니다.

가슴이 두근두근 거짓말탐지 검사의 원리

일반적인 사람들에게 거짓말을 해야 하는 상황은 불안과 초조 등을 유발합니다. 심지어 그러한 사실이 적발됐을 때 처벌을 받을 수 있다면 거짓말은 매우 큰 스트레스원으로 작용할 수 있습니다. 우리가 앞서 살펴본 것처럼 스트레스는 우리가 통제할 수 없는 여러 가지 신체반응을 유발하고, 이러한 원리를 이용하여 거짓과 진실을 밝히는 것이 바로 거짓말탐지 검사입니다. 이러한 원리의 사용은 아주 오랜 옛날 중국 고대에서도 발견되는데, 거짓말을 하면 입에 침이 마르는 현상을 이용하여 혐의자의 입에 쌀을 한 줌 머금게 한 후 질문을 하고 쌀이 젖어있으면 무죄로 추정하였다고 합니다. 오늘날은 훨씬 더 과학적으로 이러한 원리를 이용합니다. 바로 거짓말탐지기, 즉 폴리그래프polygraph입니다. 이것은 혈압, 맥박, 호흡 등 생리적인 반응을 동시에 자동적으로 기록하는 장비로서, 여러 개의 그래프를 통해 기록한다는 의미에서 폴리그래프라고 합니다. 관찰을 통한 거짓의 판단은 여러 주관적 요소가 개입되기 때문에, 사람들이 감정을 숨길 때 나타나는 다양한 생리적인 반응을 측정함으로써 객관적으로 거짓반응을 판단할 수 있습니다.

스트레스를 받으면 이와는 반대로 신체적으로 촉진작용도 일어납니다. 촉진작용은 위험한 상황에서 시각 정보를 더 잘 얻어 즉각적으로 대처할 수 있도록 동공을 확장시킵니다. 그리고 땀 분비가 증가하여 골격근 활동 증가에

동공이 확대   땀 분비 증가

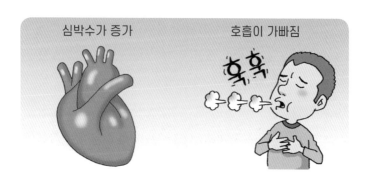

따른 체온 증가에 적절히 대처하게 만듭니다. 또한 간에서 저장하고 있던 글리코겐을 사용 가능한 에너지원인 포도당으로 변환시키는 작용이 증가하여 혈액 내 혈당이 증가합니다. 심장의 박동 수가 증가하고 수축력이 증가하여 혈액 순환을 빠르게 하고 폐의 기관지가 확장되어 호흡률이 증가합니다. 마지막으로 혈액이 쉽게 응고되는데 이는 위급상황에 대처하다가 상처가 생겼을 경우 혈액 유출을 막기 위함입니다. 우리가 스트레스를 받는 동안 우리 몸이 이렇게나 똑똑하게 움직이고 있다는 사실이 놀랍습니다.

② 저항단계 : 스트레스가 만병의 근원이 되는 단계

두 번째 단계는 저항단계로서, 유기체가 스트레스원에

적응하는 것을 의미합니다. 이 단계의 지속기간은 스트레스원의 심각성 정도와 유기체의 적응 능력에 따라 다릅니다. 만약 유기체가 적응할 수 있다면 저항단계는 장기간 지속될 수 있습니다. 이 단계에서 사람들은 표면적으로는 정상적으로 보이나, 신체 내부기능인 생리적으로는 비정상적입니다. 즉, 스트레스가 계속해서 지속되면 신경과 호르몬에 변화가 나타나서 질병이 생기게 될 가능성이 높아집니다. 안타깝게도 계속적이고 만성적인 스트레스가 우리로 하여금 질병에 취약하게 만든다는 의미입니다. 앞서 살펴봤듯, 급성적인 한번의 스트레스만큼이나 일상적으로 경험하는 만성적인 스트레스가 위험할 수 있다는 점을 기억해 주세요.

저항단계에서의 신체적 스트레스 반응은 경고단계보다 더 낮은 강도로 나타납니다. 즉 미친 듯이 가슴이 쿵쾅대고 침이 마르지는 않습니다. 교감신경의 활성화는 높게 나타나지 않지만 부신피질호르몬의 활성화가 여전히 나타나며 내분비선의 활동도 나타납니다. 스트레스와 관련된 호르몬으로 코티졸 외에도 무기질 부신피질 호르몬은 체액의 용량과 전해질의 용도를 통제합니다. 저항단계에서 부신피질 자극 호르몬은 스트레스 반응을 지속시키는 중요한 역할을 합니다. 이 외에도 내분비계에서 갑상선의 주된 호르몬인 티록신은 신체 내 포도당 생산을 지원해서 신체 대사율을 높입니다. 갑상선 호르몬인 티록신이 과도하게 분비될 경우에는 갑상선항진증이 나타나게 됩니다.

③ 소진단계 : 삶의 모든 것이 무의미해지는 단계

저항단계가 유지되고 스트레스를 지속적으로 받는다면 마지막 소진단계가 나타납니다. 소진단계는 지속적인 스트레스원에 힘겹게 저항하던 신체의 자원이 고갈되어 정상 이하가 되는 것을 의미합니다. 왜냐하면 우리의 신체

자원에는 한계가 있기 때문입니다. 이처럼 신체의 모든 기능이 고갈되고 소진되면 신체적인 질환이 나타나게 됩니다. 소진단계에서는 부교감신경계의 기능이 낮아져 신체기능이 불균형상태가 되게 되는데, 이는 스트레스로 인해 정서적 탈진이 나타나는 상태를 의미합니다. 심각할 경우 소진단계는 환각, 환청, 정신분열 증세와 같은 정신적인 질병을 유발할 수 있으며, 감염, 종양, 노화 등의 신체적 질병, 그리고 극단적으로는 죽음에 이르게까지 할 수 있습니다.

2

라자루스의
스트레스 교류 모형

라자루스Lazarus에 따르면 어떤 특정한 시점에서 한 개인
이 스트레스라고 느끼는 것이 타인에게는 스트레스원이
아닐 수 있으며, 심지어 동
일인이라도 다른 시점에
서는 스트레스가 아닐 수
있습니다. 따라서 스트레
스 관리에서 무엇보다 중
요한 것은 스트레스를 유
발하게 하는 상황을 개인
이 어떻게 받아들일 것인

라자루스

동일한 사건일지라도 그것을 인지적으로 어떻게 평가하느냐에
따라 사람마다 경험하는 스트레스는 다를 수 있습니다.

번지점프는 목숨을
위협하는 추락이 아니라
심장이 짜릿한 놀이야!

가입니다. 즉, 스트레스를 제대로 이해하고 관리하기 위해서는 개인의 '인지적 평가'에 초점을 맞추는 것이 중요할 수 있습니다. 라자루스는 상황에 대한 개인의 인지적 평가를 일차평가와 이차평가, 재평가로 구분하여 설명하였습니다.

우리는 살면서 여러 사건들을 경험합니다. 그 중 대부분의 일은 우리로 하여금 수고스러운 깊은 생각, 즉 복잡한 인지적인 활동을 요구하지 않는 매우 일상적이고 당연

한 일들입니다. 하지만 이따금 우리의 주의를 집중하고 숙고적으로 상황을 바라봐야할 때가 있는데, 주로 예상치 못한, 기존과는 다른 사건입니다.

우리는 이러한 사건을 스트레스원stressor이라고 부릅니다. 그럴 때 우리는 이 스트레스 사건을 평가합니다. 이것이 과연 나에게 어떤 영향을 미칠지에 관한 평가입니다. 그것은 나와 무관할 수도 있고, 오히려 긍정적인 영향을 미칠 수도 있습니다. 그렇다면 우리는 더 이상 이것을 심

각하게 받아들이지 않습니다_{일차평가}.

하지만, 그것이 나에게 부정적인 영향을 미칠 수 있다고 평가를 한다면, 그 다음으로 우리는 그 사건을 해결하기 위한 대처능력과 자원이 나에게 있는지를 살펴봐야 합니다. 내가 충분히 그것을 다룰 수 있다고 판단했다면 우리는 더 이상 불안해 하거나 공포심을 경험하지 않을 수 있습니다. 그리고 나아가 실제로 그것을 해결해야 한다면 우리는 다양한 대처방식을 통해 문제를 해결하고, 그에 따른 결과를 또 다시 판단하게 됩니다_{이차평가}.

일차평가는 사건에 대한 평가로서 직면한 사건이 자신과 무관한지, 긍정적인지 부정적인지, 해로운지 손실이 되는지, 위협적인지, 도전적인지를 판단하는 것입니다. 사건이 자신과 무관하다고 평가한다면, 우리는 그 사건에 대해서 더 이상 인지적인 노력을 하지 않습니다. 또한 사건을 긍정적으로 평가한다면 그 사건의 결과가 자신에게 좋은 의미로 해석되고 행복감과 만족감을 불러일으키기 때문에 당연히 우리는 그 사건에 대하여 수고롭게 대처반응을 보일 필요가 없습니다.

반면, 일차평가에서 그 사건이 해롭거나 위협적이거나 도전적으로 여겨진다면 스트레스로 다가오게 됩니다. '해로움'은 질병, 부상과 같이 이미 일어난 손상을 의미하며 분노, 혐오, 실망, 슬픔과 같은 부정적인 정서를 유발합니다. '위협'은 이러한 해로움이 예측되는 상황으로서 걱정, 불안, 두려움 등의 정서를 야기합니다. 그리고 '도전'은 해당 상황이 자신에게 이익이 될 경우, 일반적으로 긍정적인 정서와 부정적인 정서 둘 다 관련이 있습니다. 만약 우리가 어떤 사건을 도전이라고 평가한다면, 어려운 요구를 극복하는 것에 대한 어느 정도의 자기 확신이 있으며, 그것에 대한 약간의 자극과 흥분을 경험함으로써 그 사건에 접근할 가능성이 높습니다.

이차평가는 스트레스 상황에 대처하는 개인에 대한 평가로서, 자신이 스트레스를 통제할 수 있다고 믿는 가능성과 대처능력에 대한 평가를 의미합니다. 만약, 상황 자체가 위협적이라도 그에 대처할 개인적 자원을 가지고 있다고 판단한다면 스트레스 반응은 나타나지 않습니다. 하지만 스트레스에 적절히 대처할 자원이 불충분하다고 판단할 경우 상황에 적절한 대처방안을 선택해서 스트레스를 해소해야 합니다.

3

스트레스, 지피지기면 백전백승

스트레스의 원인과 증상

아무리 스트레스를 피하려고 해도 우리는 스트레스로부터 자유로울 수 없습니다. 삶의 모든 순간, 일을 할 때나 누군가와 함께 교류할 때 우리는 그 안에서 크고 작은 스트레스를 경험하게 됩니다. 그렇다면 그 원인은 구체적으로 어떤 것들이 있고, 왜 발생하는 걸까요?

1

삶의 변화와 스트레스

　3장에 들어가기 앞서서 잠깐 짧은 검사를 하나 해보고
자 합니다. 다음의 표는 우리의 삶에 스트레스를 야기할
수 있는 생활사건에 관한 목록입니다. 내용을 잘 읽고, 지
난 1년간 당신에게 있었던 사건들을 체크해 보시기 바립
니다.

번호	생활사건	가중치	해당 여부	번호	생활사건	가중치	해당 여부
1	배우자의 죽음	100		23	자녀의 출가	29	
2	이혼	73		24	시댁 또는 처가와의 불화	29	
3	배우자와의 별거	65		25	두드러진 개인적 성취	28	
4	징역	63		26	배우자가 일을 시작하거나 그만둠	26	
5	가까운 가족의 죽음	63		27	입학 또는 졸업	26	
6	개인적 부상 또는 질병	53		28	생활 여건의 변화	25	
7	결혼	50		29	개인적인 습관의 변화	24	
8	직장 해고	47		30	상사와의 불화	23	
9	배우자와의 재결합	45		31	근무 시간 또는 근무 여건의 변화	20	
10	은퇴	45		32	거주지 변화	20	
11	가족의 건강상의 변화	44		33	전학 또는 편입학	20	
12	임신	40		34	여가 활동 변화	19	
13	성 생활의 문제	39		35	종교활동 변화	19	
14	새로운 가족 구성원과의 만남	39		36	사회활동 변화	18	
15	사업에서 재조정	39		37	적당한 주택담보대출 또는 일반대출	17	
16	재정 상태 변화	38		38	수면 습관 변화	16	
17	친한 친구의 죽음	37		39	가족 모임 횟수 변화	15	
18	직종 변화	36		40	식습관 변화	15	
19	배우자와 말다툼 횟수 변화	35		41	휴가	13	
20	상당 금액의 주택담보 대출 또는 일반 대출	31		42	크리스마스	12	
21	대출 담보물의 압류	30		43	사소한 법규의 위반	11	
22	직장 내 직무 변화	29				총점 :	

출처: Holmes, T. H, & Rahe, R. H. (1967). The social Readjustment Rating Scale, *Journal of Psychosomatic Research*, 11(2), 213-218.

※ 자신이 체크한 항목의 가중치를 모두 더해 총점을 구하세요.

• 300점 이상: 건강이 나빠질 위험이 높거나 매우 높음
• 150점~299점: 건강이 나빠질 위험이 보통이거나 높음
• 150점 미만: 건강이 나빠질 위험이 보통 이하이거나 낮음

앞의 43개의 목록 중에는 많은 사람들이 흔하게 경험할 수 있는 것들도 있고, 삶에서 쉽게 경험하기 힘든 아주 큰 역경도 있습니다. 그리고 쉽게 혹은 자주 경험하기 힘든 것일수록 우리에게 미치는 심리적인 영향도 매우 크다고 볼 수 있습니다. 예를 들어 은퇴를 하거나 사랑하는 사람과 사별을 하는 것은 우리가 삶에서 빈번하게 경험하는 것이 아니지만 이것이 우리에게 미치는 영향력은 매우 막강합니다. 연구에 따르면, 사람들은 대부분의 스트레스 사건으로부터 회복하여 다시 일상에 적응하지만, 사별과 같은 경험에는 온전히 적응하기 어려울 수 있습니다.

또한, 결혼, 임신, 직무변화, 거주지 변화 등 우리 삶에서 축복이라고 할 수 있는 긍정적인 사건도 스트레스의 범주에 들어가는 것을 볼 수 있습니다. 우리의 삶에서 변화를 주는 것은 필연적으로 그러한 변화에 대한 적응을 요구하고, 적응을 하는 것은 인간에게 스트레스가 될 수 있다는 것을 알 수 있습니다.

2

스트레스의 두 가지 원인

　우리가 살아가면서 경험하는 스트레스를 크게 두 가지 범주로 구분하자면, 대인관계적인 측면과 과업_{또는 학업}적인 측면으로 나누어 볼 수 있습니다. 우리에게는 타인과 연결하여 서로 의존적인 삶을 살아가는 데 필요한 관계적인 역할이 있고, 다른 한편으로는 자신의 삶을 실현하기 위한 주체로서의 개인적인 역할이 있습니다. 이렇듯 인간은 주체적인 측면에서 그리고 관계적인 측면에서 자신의 삶을 꾸려나가고, 그 안에서 예상치 못한 다양한 갈등과 역경을 경험합니다. 이번 장에서는 스트레스의 원인을 크게 대인관계적인 측면과 과업적인 측면으로 나누어 알아보고, 이로 인해 나타날 수 있는 다양한 증상, 그리고 이것을 극복하는 방안에 대해서 살펴보고자 합니다.

대인관계:
가까이 하자니 피곤하고 멀리하자니 외롭다

사회적 동물인 인간에게 관계에 대한 욕구는 매우 선천적이면서도 보편적인 욕구입니다. 음식이나 공기처럼 당장에 없다고 우리의 목숨을 위협하지는 않지만, 관계의 결핍이나 그로 인한 갈등과 고통은 장기적으로 우리의 정신적인 건강뿐만 아니라 신체적인 건강에도 매우 해롭습니다.

스트레스의 대인관계적 원인은 가족, 친구, 동료 등 다양한 인물과 집단에서 나타날 수 있습니다. 가족은 외부적 위협으로부터 개인을 보호하는 울타리가 되어줄 수 있으나, 반대로 학대나 방임으로 개인의 기본적인 생리적 욕구나 심리적 욕구에 위협을 줄 수 있습니다. 또한, 정상적인 가족관계라고 해도 가족 간의 사소한 싸움으로 스트레스를 받을 수 있습니다. 대표적으로는 육아 문제, 고부 갈등,

성격 차이, 부모 자녀 간 의 가치관 차이와 의사소 통의 문제 등이 가족 내에 서 스트레스 원인이 될 수 있습니다.

특히 가족관계는 심리적으로 깊이 연결되어 있기 때문 에 서로에게 상처를 줄 경우 다른 관계에 비해 훨씬 더 큰 상처와 스트레서의 원인이 될 수 있습니다. 가족구성원이 내 마음을 잘 헤아려 주지 않거나 나에게 무심하다고 느껴 진다면 우리는 깊은 고립감과 고독감을 경험하기도 합니

다. 가족은 일종의 베이스 캠프와 같습니다. 그렇기 때문에 어린 자녀와 부모 모두 외부에서 힘든 일이 생겼을 때 가정 안에서 자신의 몸과 마음을 회복할 수 있는 안식처로서 가정을 인식할 수 있는지 여부가 중요합니다.

가족관계는 다른 어떤 관계보다 밀접한 관계이기 때문에, 오히려 소통에 더 유념해야 합니다. 때로 우리는 가족이기 때문에 비난이나 불평하는 말 등의 부정적인 소통은 아무 거리낌 없이 하지만, 반대로 감사의 말과 같은 긍정적인 소통은 잘 하지 않습니다. 또한, '당연히 가족이니까 이 정도는 이해해 주겠지'라는 잘못된 믿음을 가지고 있기도 합니다. 하지만 행복한 가족관계의 비결은 서로 꼭 맞는 성격이 아니라 배려하고 존중하는 언어, 즉 의사소통에 있습니다.

가족관계를 망치는 대표적인 의사소통은 공격적인 말입니다. 가령, 욕하기, 폄하하기, 비꼬기 등은 서로에게 상처가 될 뿐 아무런 문제를 해결하지 못합니다. 특히 '네가 한 게 뭐가 있어', '너같은 애가 뭘 할 수 있니' 등과 같이 상대방의 인격을 공격하는 말은 돌이킬 수 없는 상처가 되기 때문에 조심해야 합니다.

한편, 가족관계를 향상시키는 대표적인 의사소통은 공

♥ 당신이 가장 힘들었을 때 친밀한 누군가에게 듣고 싶었던 말 5가지를 적어보세요.

1. _____

2. _____

3. _____

4. _____

5. _____

이 말은 나뿐만 아니라 인간이라면 누구나 듣고 싶은 위로의 말일 수 있습니다. 나에게 가장 친밀한 누군가에게 내가 먼저 이 말을 전해 보는 건 어떨까요?

감하고 인정해 주는 말입니다. '아, 너가 힘들었겠구나', '너의 입장이라면 그럴 수 있겠구나' 등과 같이 공감하는 말, 그리고 '너 때문에 내가 힘이 나', '너가 있어서 내가 참 행복해'와 같이 상대방의 존재를 긍정하고 인정하는 말이 중요합니다. 아마 이런 설명이 신기하게 다가오진 않을 겁니다. 바로 이것이 핵심일 수 있는데, 우리는 모두 가족 관계를 건강하고 행복하게 유지하는 방법을 알고 있다는 것입니다. 문제는 내가 먼저 삶에서 실천하는가입니다.

직장에서의 대인관계 또한 스트레스의 원인이 될 수 있습니다. 직장은 우리가 살아가는데 필요한 경제적, 물리적 수단뿐만이 아닌 심리적 그리고 사회적 욕구를 충족시켜 주는 기능 또한 담당하고 있습니다. 피하고 싶지만 피할 수 없는 대표적인 관계가 직장에서의 인간관계이고, 그 속에서 동료 상사, 부하, 고객과의 관계는 스트레스를 유발할 수 있습니다. 특히 상사나 동료와의 관계가 나쁠 경우 스트레스를 받을 가능성은 더욱 높아집니다. 실제로 퇴직이나 이직의 사유에는 업무적인 측면만큼이나 관계적인 측면도 큰 비중을 차지합니다. 또한 집단 따돌림, 데이트 폭력과 같이 타인에게 신체적, 정신적 폭력을 당하는 대인관계 폭력의 경우 매우 강한 강도의 스트레스를 경험하게 합니다.

관계가 병들면 몸도 병든다.

사람들은 자신이 속 한 집단에서 다른 사람 들과 원만하게 어울리 지 못할 때 고립감을 경험할 수 있습니다.  특히 자신의 하루 일과 중 대부분의 시간을 보내는 직장에 서 배제당할 경우 고통이 더욱 클 수 있습니다. 실제로, 한 연구에서 90명의 정규직 직원들을 대상으로 2주 동안 연구 한 결과, 직장 내 관계에서 배제를 경험한 사람들은 수면 중 에 자주 깨는 등의 낮은 수면의 질을 경험했습니다. 이것은 따돌림의 단기적인 효과를 검증한 것이지만, 이것이 장기적 으로 진행될 때 낮은 수면의 질이 누적되어 신체적인 건강 의 위험을 초래할 수 있습니다.

출처: Pereira, D., Meier, L. L., & Elfering, A. (2013). Short-term effects of social exclusion at work and worries on sleep. *Stress and Health*, 29(3), 240-252.

이러한 대인관계 스트레스는 정신적으로 큰 외상trauma
이 될 만큼 스트레스를 제공하기 때문에, 사건 이후에도
그것을 잊지 못하고 반복적으로 생각이 나서 고통을 받으
며 두려움과 불안에 사로잡히게 됩니다. 실제로, 지속적
인 따돌림과 언어 및 신체적 폭력을 경험하는 것은 심각할
경우에는 자살의 원인이 되기도 합니다.

타인과의 관계 부족으로 인해 개인이 느끼는 외로움과
지루함도 스트레스의 원인이 될 수 있습니다. 인간은 대부
분 타인과의 친밀한 인간관계를 통한 자극을 추구합니다.
친밀한 대인관계를 맺지 못하는 사람들은 그런 사람들에
비해 정신적, 신체적으로 안 좋은 상태가 되기 쉽습니다.
우리는 진화적으로 친밀한 관계에서 애정을 나누고, 협력
을 함으로써 생존가능성을 높여 왔기 때문입니다.

한편, 사람들과 함께 어울리는 것은 수많은 뇌 회로와
신경전달물질계의 활동에 변화를 가져옵니다. 우리의 뇌
는 다른 사람들이 자신을 어떻게 생각하는지 신경 쓰도록
설계되어 있고 비판받거나 거부당한다고 느끼면 몹시 큰
괴로움을 느끼게 되는데, 육체적 통증을 겪을 때와 똑같이
전방대상피질과 섬엽이 활성화되는 것을 확인할 수 있습
니다. 특히나 우울감에 잠식되는 우울의 하강나선은 혼자

나를 행복하게 하는 터치의 힘

피부에는 여러가지 수용체가 있으며
우리는 그것을 통해 다양한 감각을
느끼게 됩니다.

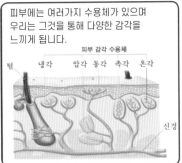

그런데 그중에는 아주 특별한 수용체가
하나 있습니다.

감정을 생성하는
CT수용체가
바로 그것!

손등을 어루만지거나 등을 쓰다듬을 때
애정과 안도감 등 따뜻한 감정이
느껴지는 이유는

CT수용체가 이러한 촉감을 인지하기
때문입니다.

엄마의 사랑이
느껴져…

이처럼 단순히 감각을 느끼는 것에서 더 나아가 따뜻한
감정을 주고 받을 수 있기에 피부는 '사회적 기관'
이라고도 불립니다.

부드러운 터치와 함께
전하는 따뜻한 말 한 마디!
스트레스를 녹이는 묘약입니다.

고마워.

있을 때 작동하기 쉽고, 그저 타인들 속에 있으면서 대화를 나누고 가볍게 신체를 접촉하는 것만으로도 우리는 스트레스, 통증, 불안, 우울 증상을 줄이고 차분함과 행복함을 느낄 수 있습니다.

tip **관계에서 오는 스트레스를 다루는 실천법**

1. 타인이 하는 부정적인 말에 과장된 의미를 부여하지 말기

: 타인은 나만큼 나에 대해 깊은 생각을 하지 않기 때문입니다.

2. 타인과 늘 연결될 수 없음을 인정하기

: 타인과 연결되어 함께 하고자 하는 욕구와 독립적으로 혼자
  있고자 하는 욕구가 우리 마음 속에 공존하기 때문입니다.

3. 가는 말이 고와야 오는 말이 곱다는 걸 기억하기

: 인간관계는 주는대로 되돌려 받는 '상호성'의 원리가 작동

 하기 때문입니다.

4. 모든 사람에게 인정받고 사랑받을 수 없다는 것을 수용하기

: 모든 사람에게 인정받고 사랑받는 것은 비합리적이고 불가

 능한 신념이기 때문입니다.

5. 나에 대한 비판을 내 전부로 받아들이지 않기

: 우리의 인격은 여러 영역으로 구분될 수 있고, 한 부분에서의

 약점이 내 모든 약점을 의미하는 것은 아니기 때문입니다.

과업 원인:
선택하고 예측하고 통제할 수 있는가?

과업적 원인은 우리에게 주어진 일과 학업에서 오는 스트레스를 의미합니다. 과업에 따른 스트레스 원인은 다양할 수 있습니다. 구체적으로, 우리는 살아갈 때 다양한 자원들이 필요하고 그러한 자원이 나에게 충분한지가 우리의 삶에서 매우 중요합니다. 또한, 자신의 과업에 대한 통제감 부족, 역할의 모호성 등이 스트레스에 중요한 요인으

로 작용할 수 있습니다. 단어가 좀 생소하겠지만, 하나씩 살펴보도록 합시다.

① 목표: 목표를 달성하기 위해 필요한 네 가지 자원

우리는 기본적인 삶을 영위하고, 자신의 목표를 추구하기 위해 필요한 자원을 획득하고 유지하기 위해 노력합니다. 아마 자원이 무궁무진하다면 우리의 스트레스의 상당 부분은 사라질 수 있습니다. 하지만 자원은 무한하지 않기 때문에 남보다 더 많이 갖기 위해서 때로는 타인과 경쟁하는 것도 피할 수 없습니다. 만약 필요한 자원이 없거나 줄 었다고 느끼면 스트레스가 증가하게 됩니다.

홉폴Hobfoll[1]은 자원을 대상, 상황, 개인의 특성, 에너지의 4가지 요인으로 나누어 설명하였습니다.

a. 대상: 기본적인 삶을 살아가기 위해 필요한 의식주와 같은 물질적인 자원을 의미합니다. 너무나 흔하게 우리는 이러한 물질적 자원을 통해 자신의 가치와 사회적 지위를 보여줄 수 있습니다.

b. 상황: 개인이 처한 조건으로 필요한 자원을 소유하기 위한 결혼, 정규직업, 조직 내 서열과 같은 맥락적 차원을 의미합니다.

c. 개인의 특성: 스트레스 상황을 극복할 수 있는 개인의 내적인 특성의 차이를 의미합니다. 가령, 정서적으로 불안정하거나 기질적으로 불안 수준이 높은 사람은 같은 상황에 직면했을 때 스트레스에 더욱 취약할 수 있습니다.

d. 에너지: 시간, 돈, 지식과 같이 다른 자원을 획득하기 위해 필요한 도구적인 자원을 의미합니다.

1   Hobfoll, S. E. (1989). Conservation of resources. A new attempt at conceptualizing stress. *American Psychologist, 44*(3), 513-24

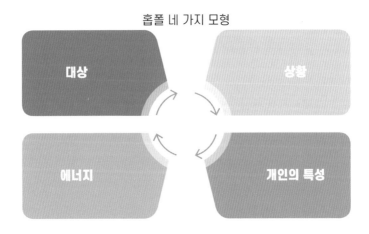

홉폴 네 가지 모형

대상

상황

에너지

개인의 특성

　우리가 과업을 수행함에 있어서 다양한 차원의 자원들이 충분할 때 우리는 자신의 역량을 충분히 발휘하며 일에 매진할 수 있습니다. 기본적으로 물리적인 여건이 충족돼야 할 뿐만 아니라 심리적으로 안정감을 느낄 수 있는 여러 환경적인 자원도 필요하며 나의 내면적인 자원도 풍성해야 합니다. 이러한 자원들을 스스로 또는 외부에서 잘 제공했을 때, 우리는 자기 자신 그리고 내가 속한 조직의 목표에 더 가까이 다가갈 수 있습니다.

② 통제감: 하면 된다는 믿음의 중요성

처음 희망과 열정을 품고 과업 또는 학업을 시작하였지만 만약에 자신이 감당하기 어려운 수준의 과제가 지속적으로 주어지거나 혹은 과제의 양이 지나치게 많으면 사람들은 심한 스트레스, 불안 그리고 무기력을 경험하게 됩니다. 사람이 삶에서 느낄 수 있는 가장 힘든 정서 중 하나는 바로 '통제력의 상실', 즉 무기력입니다. 우리는 어린 시절 '하면 된다'는 믿음을 가지고 자라납니다. 하지만 삶은 그렇게 호락호락하지 않아서 머지않아 '한다고 해서 다 되는 것은 아니구나'라는 것을 학습하게 됩니다. 하지만 이러한 통제감의 부족이 심해지면 사람들은 무기력을 경험하게 되고, 이것이 개인의 삶의 만족을 낮추는 주요한 요인이 될 수 있습니다.

'하면 된다'는 믿음이 아니라, '해도 안 된다'는 믿음을 배운다면 어떻게 될까요? 우리는 고통을 통제할 수 있다는 것을 믿는 것만으로도 삶에서 꽤 안정적으로 살아갈 수 있습니다. 반대로, 고통을 통제할 수 없다는 것을 배운다면 우리는 심리적으로 무기력감에 시달릴 수도 있습니다.

고통을 통제할 수 있다는 믿음의 중요성

이를 입증하기 위해 심리학자 샐리그만Seligman[2]은 24마리의 개를 세 그룹으로 나누어 각기 다른 상자 속에 집어넣고 바닥에 전기충격을 주었습니다. A그룹은 전기충격을 받지만 특정 버튼을 누르면 전기 충격이 사라지게 했습니다. B그룹은 상자 속에 버튼이 없어서 전기충격에서 벗어날 방법이 없게 했습니다. 마지막 C그룹은 전기충격이 가해지지 않았습니다. 얼마 후, 개들은 다른 상자에 옮겨

2   Seligman, M. E. (1972). Learned helplessness. *Annual review of medicine*, *23*(1), 407-412.

자율성, 긍정적 피드백, 성장 가능성을 통해
더 건강하고 활력있는 삶을 살 아갈 수 있습니다.

지고 다시 전기충격을 경험하게 됩니다. 하지만 상자 중앙에 있는 나지막한 장애물을 넘으면 쉽게 전기충격에서 벗어날 수 있게 설계되었습니다. A그룹과 C그룹의 개들은 이것을 금방 깨닫고 담을 넘어서 탈출 했지만, 앞선 실험에서 아무리 해도 고통에서 벗어날 수 없다는 것을 경험한 B그룹의 개들은 쉬운 장애물임에도 불구하고 그것을 넘어설 생각을 하지 않고 그 상황에서 어떠한 노력도 하지 않았습니다. 해도 안 된다는 생각, 이것이야 말로 우리 삶에서 큰 장애물입니다.

그 밖에, 자율성, 긍정적 피드백, 성장 가능성을 중요한 요인으로 고려해 볼 수 있습니다. 인간에게 가장 중요한 심리적인 욕구는 스스로가 원하는 것을 선택할 수 있다는 '자율성' 그리고 적절한 유능감을 경험하기 위한 '긍정적이고 구체적인 피드백', 마지막으로 '성장가능성'입니다. 이것은 인간으로서 기본적으로 가지는 심리적인 욕구로, 직업현장 뿐만 아니라 학교현장에서도 매우 중요하게 고려되어야 합니다. 이것은 우리가 자신의 삶을 행복하고 의미있다고 느끼게 해 주는 매우 중요한 조건들입니다.

③ 역할: 나에게 요구하는 것을 명확히 이해하는 것

우리는 각자가 속해 있는 가정, 학교, 직장 등의 조직에서 기대하는 역할이 있습니다. 부모, 자녀, 학생, 교사 등은 모두 우리에게 부여된 역할의 한 형태입니다. '역할'의 의미는 하나의 집단에서 특정한 지위가 있는 사람에게 기대하는 일련의 행동을 의미합니다. 하지만 자신에게 기대하는 역할이 모호하고 분명하지 않다면 스트레스를 경험할 수 있습니다.

역할이 모호하거나 분명하지 않으면
우리는 불안해지죠!

　'역할 모호성'은 역할 기대가 불분명하여 과업이나 업무 상황에서 자신에게 기대하는 것이 정확히 어떤 것인지 확신하지 못하는 상황에서 발생할 수 있습니다. 사람들은 삶의 다양한 장면에서 '확실성'을 추구합니다. 왜냐하면 확실성 안에서 우리는 상황을 예측하고 통제할 수 있기 때문입니다. 자신에게 주어진 역할이 확실할 때 우리는 혼란 없이 그 상황에서 적절한 행동을 취하고 미래를 준비할 수 있을 뿐만 아니라 자신에게 맡겨진 역할에 최선을 다할 수 있습니다.

　역할이 모호하다면 우리는 정체성에 혼란을 경험하기도 하고, 이것이 큰 스트레스로 작용할 수 있습니다. 예를 들어, 우리는 학교에서 선생님이 학생들을 지도해 줄 것을 기대하고 학생들은 그 지도에 따를 것이라는 것을 기대할

스트레스를 높이는 최악의 리더 vs. 최고의 리더

최악	최고
일의 목적을 모호하게 알려주고 추상적인 이야기들을 장황하게 나열함	일의 목적, 즉 큰 그림을 체계적으로 명확히 알려줌
수행자가 충분히 고민할 시간을 허락하지 않고 본인의 입장에서 일방적으로 지시하고 전달함	수행자가 일의 목적과 목표를 내면화 할 수 있는 시간을 허락함
수행자가 자신의 스케줄과 시간을 스스로 예측하고 통제할 수 없다는 생각이 들게 함	구체적인 일의 세부 사항과 진행 일정을 스스로 구성할 수 있도록 함
일을 지시하기만 하고 지속적인 관심을 보이지 않거나 혹은 시시콜콜 참견을 하면서 주도성을 해침	일을 수행할 수 있도록 구체적인 피드백을 제시함으로써 향후 방향성을 제시
본인이 과거 했던 지시사항을 기억하지 못해서, 지시를 할 때마다 내용이 변하여 일의 효율성을 낮춤	본인이 과거 지시했던 내용을 기억하여 일관성 있는 내용으로 피드백을 제시함

수 있습니다. 또한, 우리가 조별로 활동을 할 때도 자신에게 부여된 역할이 무엇인지를 알아야 그 그룹 안에서 혼란 없이 역할을 수행할 수 있습니다. 회사에 들어갔는데 내가 무슨 일을 해야 할지 아무도 알려주지 않는다면 어떻게 될까요? 아마 하루종일 무엇을 해야 할지 눈치만 보느라 지옥을 경험하게 될 것입니다.

그렇기 때문에 훌륭한 리더는 무엇보다 자신이 이끄는 조직원들의 특성을 잘 파악하고, 그들에게 우리가 지향하고 있는 목표를 정확히 알려줌으로써 현재 필요한 일이 무엇인지 명확하게 요구할 수 있어야 합니다. 아래 표는 스트레스를 높이는 최악의 리더와 그렇지 않은 리더의 차이점을 비교해 놓은 것입니다.

④ 해야할 일을 꾸준히 유지하고 예측할 수 있는 것

직장인의 경우 일의 안정성 또한 스트레스의 원인이 될 수 있습니다. 발전의 기회가 적거나 자신의 일이 안정적으로 계속 유지될지 확신이 없는 경우 스트레스가 증가하게 됩니다. 그리고 자신에게 할당된 과업이 너무 많을 경우, 자신의 일과 생활이 조화롭게 균형이 유지되지 않아 스트

레스가 증가할 수 있습니다. 특히, 일과 가정 사이의 갈등
은 양방향적 속성을 가지고 있어 개인의 업무가 가정생활
에만 영향을 미치는 것이 아닌, 가정생활이 업무에도 영향
을 미쳐 스트레스가 증가할 수 있습니다.

인간의 정신적인 에너지는 마치 근육과 같습니다. 우리
몸의 근육이 스트레스를 받으면 그것을 회복하기까지 일
정시간이 필요한 것과 마찬가지로 우리의 마음 역시 스트

레스를 받으면 에너지가 고갈되게 됩니다. 그렇기 때문에 소진된 에너지가 다시 회복될 수 있는 시간이 필요합니다. 직장이나 학교 등에서 초래된 스트레스는 우리에게 심리적인 소진을 야기하고, 이것은 필연적으로 가정생활에 영향을 미칩니다. 왜냐하면 우리는 이미 외부에서 스트레스를 견디기 위해 인내하는 데 에너지를 소진했기 때문입니다. 반대로, 가정에서 겪는 스트레스 역시 외부생활에 영향을 미칩니다. 그렇기 때문에 가정과 외부에서 스트레스가 연결되지 않고 둘의 삶이 조화를 이룰 수 있는 전략이 필요합니다. 그 중 하나의 전략은 복잡한 생각을 멈추고

지금, 여기에 집중하는 마음챙김입니다.

그렇다면 우리는 어떻게 마음을 챙기며 살아갈 수 있을까요? 우리의 마음 속에는 수백 마리의 불나방이 살고 있습니다. 이들은 우리의 의지와 상관없이 자유롭게 우리의 마음을 누비며 이곳 저곳 날아다닙니다. 우리가 의식을 챙기지 않으면 이 불나방들이 날개짓을 하는 대로 우리는 생각과 감정을 빼앗기게 됩니다. 특히 스트레스로 인해 의식적으로 생각하고 결정할 에너지가 고갈되었다면 우리는 더더욱 불나방의 날개짓에 넋을 잃게 됩니다. 다음은 일상에서 마음 챙김을 할 수 있는 간략한 방법입니다.[3]

3   Feldman, C. & Kuyken, W. (2019). *Mindfulness: Ancient wisdom meets modern psychology*. New York: The Guilford Press.

잠시 동안 가만히 그리고 조용히 머물러보세요. 당신의 몸의 자세, 당신이 밟고 있는 땅, 혹은 앉아있는 의자를 알아차리면서, 몸의 호흡을 느껴보세요. 당신의 주의가 지금 이 순간 그리고 당신의 몸 안에 머물 수 있도록 해보세요. 이 순간 당신에게 도달한 감각적 느낌을 느껴보세요. 들려오는 소리, 보이는 것들, 냄새 혹은 맛. 몸 안에서 인상impression을 만드는 감각을 느끼면서, 마음에서 떠오르는 것을 생각하거나 상상해 보세요. 그것이 기쁜 것이든 불쾌한 것이든 혹은 둘 다 아니든 그것을 알아차리면서 단순하게 주의를 집중해 보세요.

스트레스 상황에 압도당하지 않는 한가지 방법은 분주하게 돌아다니는 내 안의 불나방을 잡아서 지금 여기에서 나에게 무슨 일이 발생하는지 주의를 기울이는 것입니다. 우리는 너무나 자주 깨어있지만 사실 깨어있지 않은 상태로 살아갑니다.

이솝우화: 좋은 것들과 나쁜 것들

'좋은 일'들은 '나쁜 일'들에 비해 힘이 없어서 늘 나쁜 일 무리에게 쫓겨다녀야 했습니다. 속상한 좋은 일들은 하늘로 올라가 제우스에게 어떻게 해야 우리가 사람들과 함께할  수 있는지 물었습니다. 그러자 제우스는 한꺼번에 사람들에게 가지 말고, 한번에 하나씩만 가라고 말해 주었습니다. 나쁜 일들은 사람들 곁에 늘 함께 하기 때문에 우리 주변에서 쉽게 발견되지만, 좋은 일은 하늘에서 하나씩 내려와야 하기 때문에 우리 곁에 드물게 옵니다. 하지만 나쁜 일이 함께 있는 중에 좋은 일이 선물처럼 다가오기 때문에 우리는 그것의 가치를 더욱 소중하게 느낄 수 있습니다.

출처: 이솝 (2020). 이솝우화전집 (박문재 역.). 파주: 현대지성.

3

스트레스의 증상

스트레스 증상은 아주 미미한 것에서부터 일상을 전혀 살아갈 수 없을 만큼 심각한 수준까지 꽤 다양합니다. 우리가 일반적으로 경험하는 다양한 힘든 정서와 스트레스는 사실은 우리를 지켜주기 위한 것이지만, 이것이 지나치게 과도할 때 우리는 이것을 질병으로 이해하고 치료를 해야합니다. 과도한 불안, 우울, 공포 등에 대해서 구체적으로 알아봅시다.

부정정서

　부정 정서는 우리가 살아가면서 경험할 수 있는 힘든 정
서입니다. 가령 우리는 분노, 우울, 불안, 공포, 혐오 등의
정서를 경험할 수 있습니다. 이러한 정서는 매우 맥락 의
존적입니다. 다시 말해, 맥락과 상황이 변화하면 정서도
변화한다는 것입니다. 어떤 정서는 그 자체로 좋고 나쁨을
판단할 수 없습니다. 가령, 공포와 불안 등의 정서는 우리
를 힘들게 하는 나쁜 정서라고 생각하기 쉽지만 우리가 살

스트레는 강도와 지속 기간에 따라서 그것의 위험성을 판단할 수 있습니다.

아가면서 공포와 불안을 느끼지 않는다면 어떻게 될까요? 아마도 인류가 지금까지 살아남지 못했을 수도 있습니다.

두려움을 느껴야 할 상황에서 공포와 불안 등 힘든 정서를 경험하는 것은 매우 유익하지만, 이러한 정서의 '강도'와 '지속기간'이 매우 중요한 고려사항입니다. 상황에 맞지 않게 과도한 강도로 정서를 경험하거나, 과도하게 오랜 기간 동안 힘든 정서를 경험하면 이것은 역기능적인 힘든 정서 가령 정신장애로 구분할 수 있습니다. 그리고 이러한 정서는 우리의 일상생활을 방해합니다.

여기서는 여러 힘든 정서 중 대부분의 사람들이 흔하게 경험하는 '불안anxiety'에 대해서 구체적으로 살펴보도록 하겠습니다. 사람은 음식, 물, 공기 등의 생물학적 동기가 위협받거나 자기존중, 사회적 지위 등 심리·사회적 동기가 위협을 받을 때 불안을 느낍니다. 불안의 원인은 다양하지만, 이 모든 것들은 스트레스와 관련이 있습니다. 불안은 범 불안장애 및 공황장애와 같은 일반화된 불안장애와 공포증과 같은 구체적인 대상과 관련하여 나타나는 불안이 있습니다.

앞에서 설명한 것처럼, 불안은 우리의 삶에 일정 부분 도움을 줍니다. 예를 들어, 시험기간에 전혀 불안하지 않다면 어떻게 될까요? 아마 시험에 대한 대비를 전혀 하지 않아서 좋지 못한 성적을 받게 될 가능성이 높습니다. 이것은 불안이 주는 긍정적인 힘입니다. 하지만 이러한 불안이 몹시 과하여 일상 생활에 지장이 되는 경우가 있습니다.

'범 불안장애Generalized anxiety disorder: GAD'는 매사에 잔걱정을 많이 하며 늘 불안하고 초조해 하는 것을 특징으로 합니다. 또한 사소한 일에도 잘 놀라고 긴장합니다. 범 불안장애는 이름이 말해주듯이 문제가 예상되는 특정한 주제가 아니라 생활 전반에 관한 다양한 주제예: 건강, 사고, 실패, 가족의 문제 등등로 불안이 이리저리 옮겨 다니는 것입니다. 이러한 장애를 겪는 사람은 항상 과민하고 긴장된 상태이며 짜증이나 화를 잘 내고 쉽게 피로를 느끼며 어느 것 하나에 집중하지 못하는 것이 특징입니다. 이들은 만성적으로 통

걱정이 걱정거리를 만든다

한 연구기관의 조사에 따르면,

사람의 걱정은 다음 몇 가지의 경우로 구분 되어진다고 합니다.

절대로 발생하지 않을 사건에 대한 걱정

40%

4% 우리가 바꿀수 없는 사건에 대한 걱정

이미 일어난 사건에 대한 걱정

30%

22%

바꿀수 있는 사건에 대한 걱정 4%

바꿀 수 있는 사건에 대한 걱정은 겨우 4%!

별로 신경쓸 일이 아닌 작은 것에 대한 걱정

결국 사람들은 96%의 불필요한 걱정 때문에 끝없는 스트레스에 시달리며 살아가는 것입니다.

제할 수 없다는 걱정을 하며 일상에서 단순한 결정조차 내리기 어려워하는 경향이 있습니다. 신체적으로는 짧은 호흡, 심박률 증가, 마른입, 메스꺼움, 통증을 호소하기도 합니다. 이러한 범 불안장애 자체가 피하고 싶은 위협이 되고 그 위협이 또 다시 스트레스를 발생시켜 불안 상태를 야기합니다. 따라서 계속해서 악순환이 발생하여 불안의 고통에서 쉽게 벗어날 수 없습니다.

'공황장애'는 공황발작을 주된 특징으로 하는 불안장애입니다. 공황발작은 특별한 이유 없이 갑작스럽게 강한 두려움과 불안이 나타나며 보통 10분 안에 증상의 정도가 최

고조에 이릅니다. 이 때 극도의 공포와 죽음에 이를 것 같은 절박한 느낌을 느끼고 공포의 원인을 알지 못해 더욱 혼란스러워 하는 모습을 보입니다. 공황발작의 증상은 이러한 갑작스러운 강렬한 공포감과 더불어 호흡이 짧아짐, 심박 수 증가, 흉부 통증, 질식할 것 같은 느낌, 어지러움 혹은 불안정한 느낌, 감각 이상증, 열감 혹은 냉감, 기절할 것 같은 느낌, 발한, 비현실감, 메스꺼움 혹은 구토, 설사, 자기통제 상실의 두려움, 죽을 것 같은 두려움과 같은 13개 증상 중 4개 이상이 나타나야 합니다. 정신장애진단편람DSM-5에 따르면, 4주 동안에 네 번 이상의 공황발작을 경험하거나, 한 번 이상의 공황발작을 경험하며 또 다른 공황발작에 대하여 계속해서 두려움이나 걱정을 한 달 이

상 지속해서 하는 것이 이에 해당합니다.

이와 달리, 구체적인 대상에 대한 불안을 의미하는 '공포증'은 특정 대상이나 활동, 상황에 강렬하게 공포를 느끼고 그것이 너무 두려워 회피하는 반응을 특징으로 하는 장애를 말합니다. 공포증은 범 불안장애보다 훨씬 심한 불안과 두려움을 포함하는데, 일상생활이 불가능할 정도로 강박적이고 비합리적인 것이 특징입니다. 또한 광범위한 상황에서 계속 불안을 느끼는 범 불안장애와는 다르게 공포증은 특정한 대상이나 활동, 상황에 한정되어 있습니다. 공포증은 또 다시 세부적으로 특정 공포증, 광장공포증, 사회공포증으로 구분됩니다.

특정 공포증specific phobia: 특정 대상이나 상황에 대하여 비합리적 두려움과 회피행동을 지속적으로 보이는 것을 의미합니다. 이는 특정 대상이나 상황에 대한 실제적 위험과 사회적 맥락을 고려해 보았을 때, 개인이 가진 공포나 불안이 지나친 경우여야 합니다. 가령, 높은 곳, 뾰족한 것 등에 과도하게 예민한 공포반응을 보이는 것입니다. 이것은 구체적으로 다섯 개의 범주로 나눌 수 있는데, ① 동물 개, 고양이, 뱀, 거미 등, ② 자연현상 높이, 어둠, 물, 태풍

불안과 공포는 우리에게 꼭 필요한 정서이지만, 일상을 살아가지 못할 정도로 심각하다면 정확한 진단과 치료가 필요합니다.

등, ③ 상황 다리, 엘리베이터, 굴, 폐쇄된 장소, ④ 피, 주사, 상처, ⑤ 질식이나 구토 혹은 시끄러운 소리 등이 이에 속합니다. 이러한 것을 접하게 됐을 때 심각한 공포감을 느껴서 본인 스스로가 비합리적이라는 것을 알지만 통제할 수 없습니다.

광장공포증agoraphobia: 대중교통수단, 개방된 공간, 군중속 혹은 집 밖에서 혼자 있는 경우에 발생하는 공포증입니다. 광장공포증은 공황장애panic disorder의 가장 일반적인 합병증으로, 공공장소에 대한 공포와 관련되어 있습니다. 하지만, 이들은 공공장소에 있는 것 자체를 두려워하는 것이 아니라 공공장소에서 자신이 공황발작을 해서 주위 사람들이 자신을 이상한 눈초리로 바라보거나 혹은 그

들이 도움을 주지 않을 것을 두려워하는 것입니다. 광장
공포증과 함께 공황장애를 가질 수 있으며, 죽을 듯한 강
렬한 공포와 불안이 몰려 들어와 어지러움, 가슴조임, 기
절할 것 같은 신체증상에 압도당하여 때로 몇 년씩 외출
을 하지 못하는 경우도 있습니다. 또한 이들은 불안할 때
경험하는 신체 증상에 몹시 과민하게 반응하고, 이것이
자신에게 매우 위험한 것이라고 파국적으로 해석을 하게
되는데 이것이 또다시 신체증상으로 연결되는 악순환으
로 이어집니다.

사회공포증social phobia: 타인과 상호작용하는 사회적 상황

#정신혼미, #유체이탈, #땀이 한 바가지

을 두려워하고 회피하는 장애입니다. 쉽게 말해서, 사람들 앞에서 굴욕을 당하거나 창피를 당하는 것에 비합리적으로 공포를 경험하는 것입니다. 사회공포증을 가진 사람들은 자신이 타인에 의해 관찰되고 평가될 수 있는 사회적 상황에서 극심한 공포나 불안을 가집니다. 또한 부적절한 행동을 통해 모욕이나 경멸을 받거나 부정적 평가를 받을까 두려워하는데, 좋은 인상을 주고 싶다는 자신의 강한 욕구와 달리 실제로 자신에게 그런 역량이 없다는 부정적인 자기 평가가 매우 강하기 때문입니다.

기분장애mood disoder에서 특히 '우울depressive disorder'은 고

통스러운 생활 사건을 겪은 후에 발생할 가능성이 큽니다. 우울증은 조증과 울증이 번갈아 나타나는 양극성 장애, 우울이 중심으로 나타나는 단극성우울장애로 나뉩니다.

양극성 장애bipolar disorder는 기분이 고양된 상태와 우울한 상태가 교차되어 나타나는 경우를 의미합니다. 기분이 고양된 상태인 조증 상태에서는 잠도 안자고 음식을 먹지 않으면서도 높은 수준의 에너지로 끊임없이 정신적, 신체적 활동을 합니다. 이 상태 동안 과대망상에 가까울 정도로 자기존중감과 자신감이 높아지며, 신경과민이나 주의산만이

나타나기 때문에 현실과 동떨어진 과도한 행동을 보입니다. 반면에 울증 상태는 최소 2주 간 우울한 기분이거나 모든 활동에 흥미를 상실한 상태입니다.

한편, 현실에 맞지 않는 과도한 슬픔, 실의, 무가치함, 공허함을 느끼는 것을 단극성 우울장애라고 말합니다. 이러한 우울장애는 의욕과 능력을 저하시켜서 현실에 대한 적응을 어렵게 합니다. 이는 주요우울장애major depressive disorder라고도 하는데 적어도 2주간 지속되는 무가치함, 흥미의 상실, 무기력, 수면과 섭식장애를 동반해서 일상생활이 어려울 만큼 극심한 정도의 우울한 정서를 경험하는 것입니다. 이와 유사하게, 기분부전증dysthymia은 우울장애와 유사한 증상을 보이지만, 증상은 덜 심각하며 적어도 2년 이상 지속되는 것을 의미합니다. 우울장애를 흔히 '감기'에 비유를 하는데, 그만큼 우리가 살면서 경험할 가능성이 높습니다. 하지만 우울장애가 무서운 이유는 극심한 우울감으로 자살을 시도하기 때문입니다.

삶을 스스로 마감하려고 하는 것은 단순히 삶에 대한 의지가 없거나 나약해서는 아니기 때문에 스스로에 대한 비난과 비판을 멈출 필요가 있습니다. 이와 관련해서는 4장에서 자세히 다루도록 하겠습니다.

비관적인 생각의 사슬을 끊어내기

　우울한 사람들은 비관적이고 부정적인 생각을 반복해서 하는 경향이 있는데, 이것을 '반추reflection'라고 합니다. 한 번 부정적인 생각이 머릿속에 떠오르면 나도 모르게 그것을 붙잡게 됩니다. 그러면서 우리는 그 생각과 유사한 다른 관련된 사건으로 자신의 생각을 빠르게 확산하고, 그 원인을 곱씹게 됩니다. 이것은 마치 소가 여물을 되씹듯이 부정적인 사건을 생각하고 또 생각하는 것입니다. 그리고 세상이 얼마나 비관적인지, 내가 얼마나 무력한지, 미래는 얼마나 어두운 잿빛인지를 상상하다가 우울한 감정에 침몰되고 맙니다. 우울한 사람들은 자신이 할 수 있는 가능한 행동들을 생각하지 않습니다. 그보다는, 사건의 원인에 대해서 과도하게 자신의 탓을 하곤 합니다. 이렇게 비관적으로 자신과 상황에 대해서 반추하는 사고의 습관을 끊어낸다면 우울한 마음이 한결 가벼워 질 수 있습니다.

탈진

주로 직장에서 자신의 과업에 대한 스트레스와 피로에 장기간 노출될 경우 신체적, 정신적 에너지 소모가 빨라지고, 무기력, 삶의 의미 상실과 같은 탈진으로 이어질 수 있습니다. 때로 스트레스에 따른 탈진 증상은 과업에 대한 개인의 비현실적이고 비합리적 신념으로 인해 나타납니다. 예를 들어 자신이 현재 기대할 수 있는 것에 비해 목표 수준이 지나치게 높고, 포부가 강하며, 주어진 일에 맹목적으로 전력을 다 하는 사람들이 경험하기 쉽습니다.

탈진은 세 가지 상태로 나타나는데 단순히 정서적 소진으로 지친 상태, 비인격화로 타인에게 냉소적이고 자신의 업무 역할에서 벗어나려고 하는 상태, 그리고 자신의 성취 감소로 더 이상 자신의 업무가 중요하지 않거나 성공적이지 않다고 생각하는 상태가 있습니다.

허버트 프로이덴버거Herbert Freudenberger[4]에 따르면 탈진은
다음과 같은 6단계로 이루어집니다.

① 버닝 단계: 자신의 업무에 열정을 가지고 최선을 다
하는 단계입니다. 타인에게 인정받고자 하는 욕구와
해당 업무는 자신만이 할 수 있다는 자신감으로 가득
차서 온 힘을 다해 자신의 에너지를 불태웁니다.

② 철수·후퇴 단계: 자신의 업무에 몰두하기 위해 친구,
가족과의 교류시간과 휴식시간을 줄이며 피로가 점점

4　Freudenberger, H. J. (1974). Staff burn-out. *Journal of social issues*, *30*(1), 159-165.

누적되고 건강이 안 좋아집니다.

③ 고립 단계: 업무 외에는 개인 생활이 아무것도 없으며, 주변 사람과 멀어지게 되면서 고립감을 경험하게 됩니다.

④ 부적응 단계: 타인에 대한 냉담한 태도가 자기 자신에게 향하는 단계입니다. 자기 자신을 주어진 업무만 해내는 존재로 인식하게 됩니다. 주변에서 이미 고립된 상태여서 스트레스를 받을 때 혼자 술이나 약물에 의존할 수 있습니다.

⑤ 심각 단계: 어떠한 목표도 갖고 있지 않고 공허감을

느끼는 상태입니다. 공허감을 해결하기 위해 비정상적인 행동을 하며 무계획적으로 도박, 폭식과 같은 1차원적 욕구 해소에 많은 시간을 들입니다.

⑥ 최악의 단계: 정신적, 신체적으로 모두 무너진 상태입니다. 이 단계에서는 방치된 건강이 다른 심각한 질병으로 이어지거나, 심리적으로 피폐해져 자살로 이어질 수 있기 때문에 아주 위험합니다.

신체적 증상

스트레스에 따른 신체적 증상은 다양한 질병으로 나타

날 수 있다는 점에서 문제가 됩니다. 힘든 정서들이 장기적으로 지속되지만 그것이 적절히 해소되지 않으면 신체적인 긴장이 증가하면서 질병을 일으키는 것입니다. 이는 앞서 우리가 살펴본 스트레스가 면역기능을 감소시킨다는 사실과 일맥상통합니다. 스트레스에 따른 신체적 증상은 신체의 다섯 가지 체계 심장혈관계, 내분비계, 근육계, 소화계 및 면역계에서 직접적으로 나타납니다.

① 심장혈관계

심장혈관계에서 심장은 관상동맥으로부터 영양분을 받을 수 있고, 가변적인 상황에서도 일정한 박자를 유지할 수 있어야 합니다. 또한 혈관은 항상 정상 압력을 유지하여 영양분이 많은 혈액을 공급할 수 있어야 합니다. 하지만 스트레스는 이러한 심장혈관계의 역할에 부정적인 영향을 줄 수 있습니다.

스트레스와 관련이 있는 심장혈관계 질환은 고혈

압, 동맥경화, 협심증, 심장마비 등이 있습니다. 스트레스는 혈압의 상승을 이끌어내기 때문에 만성적으로 스트레스를 받는 사람은 고혈압을 갖게 될 가능성이 높습니다. 그리고 고혈압은 심장병과 심장마비의 주 위험 요인으로서 혈액이 과도한 힘으로 혈관을 통과해 혈관 벽에 압박을 주는 상태를 의미합니다.

또한 스트레스는 심박률을 증가시키고 혈관 특성에 변화를 주어 동맥경화증을 가속시킵니다. 동맥경화증은 동맥의 탄력성이 떨어지고 혈액의 흐름을 감소시켜 동맥이 좁아지는 현상을 의미합니다. 스트레스는 혈액의 화학적 성질을 변화시켜 콜레스테롤, 지방 및 기타 물질들이 순환하게 만듭니다. 이런 물질들이 동맥에 쌓여 동맥경화증이 일어나는데, 혈관의 내피에 콜레스테롤 침착이 일어나고 혈관 내피세포가 증식하여 혈관이 좁아지거나 막히는 현상을 죽상동맥경화증라고 합니다.

특히 관상동맥에 동맥경화증이 일어나면 관상동맥질환이 나타납니다. 이러한 경우 심장에 산소와 영양소를 공급하기 어려워서 협심증, 부정맥, 심부전 등의 심장질환을 일으키게 됩니다. 관상동맥이 완전히 막혀 혈액 공급이 차단되는 것은 심근경색으로 인한 심장마비의 원인이 됩니다.

스트레스로 인해 나타나는 편두통도 심장혈관계와 연관이 있습니다. 편두통은 머리 쪽의 경동맥의 극적인 수축과 팽창으로 인해 발작적이고 주기적으로 나타나는 두통의 일종입니다.

편두통이 나타나기 전에, 스트레스에 영향을 받은 머리 쪽의 경동맥이 수축하여 빛과 소음에 예민해지고 메스꺼움을 경험하는 전구증상이 나타납니다. 전구증상과 경동맥 수축 이후에 경동맥의 팽창이 일어나는데, 이 때 혈관의 팽창이 독성 화학물질을 방출시켜 국소 신경말단을 자극합니다. 이 과정에서 편두통이 일어나는데 편두통과 함께 메스꺼움, 구토, 발한, 부종 등의 증상이 수반되기도 합니다.

②내분비계

스트레스는 내분비계의 기능을 방해하기도 합니다. 내분비계는 신체의 항상성 유지와 생식, 발생에 중요한 호르몬을 생산하는 선과 조직들이며 생식과 성장에 대한 여러 가지 기능을 담당합니다. 여러 가지 내분비계들은 전체적

으로 함께 작용하기 때문에 어느 한 부위가 장애를 가져올 경우 전체 체계에 장애가 생길 수 있습니다.

스트레스가 나타날 때 부신선은 부신 수질의 스트레스 호르몬인 에피네프린과 노르에피네프린을 분비합니다. 이들은 혈관을 수축시켜서 만성적으로 혈압을 상승시키는데, 이것이 뇌졸중과 심장마비의 주요인이 될 수 있습니다. 또한 이 호르몬들은 포도당 대사에 영향을 주어 혈중 포도당 농도를 상승시키고, 혈중 지방산 농도를 높여 대사율을 증가시킵니다.

스트레스는 성호르몬의 분비를 방해하여 성 욕구나 반응에 문제를 일으키기도 합니다. 남성 호르몬인 테스토스테론의 수준을 저하시키고 뇌의 성 중추에 영향을 주어 성

적 동기를 없애고 성 반응을 감소시킵니다. 또한 여성에게
는 내분비 장애의 일종으로서 월경 전 증후군이 나타납니
다. 월경 전 증후군은 불안, 우울, 분노, 혼란과 같은 부정
적 정서를 가진 심리적 증상과 몸무게 증가, 두통, 어지러
움, 식욕항진과 같은 신체적 증상을 유발합니다.

　마지막으로 스트레스는 혈액 내 혈당량이 높게 유지되
는 당뇨병과도 관련이 있습니다. 당뇨병은 체내에서 포도
당이 적절하게 사용되지 못하고 혈액 내에 축적하도록 해
서 대사장애를 유발합니다. 스트레스는 혈당량을 높이는
과정이나 혈당 수준 조절에 필요한 처방 준수를 방해하는
과정을 통해 당뇨병을 증가시킵니다.

③ 근육계

　스트레스는 근골
격계에 통증을 가져
오기도 하는데, 만
성적으로는 두통,
요통, 관자놀이·턱
관절 증상, 근육통

증이 있습니다. 근골격계에서 나타나는 긴장성 두통은 머리나 목의 근육이 장기간 긴장함으로 발생하는 증상입니다. 등 아래 부위에서 나타나는 요통 또한 골격근의 만성적이고 불수의적 수축에 따른 결과입니다. 관자놀이·턱관절 증상은 안면 통증, 민감한 이, 이명 등의 조합으로 나타납니다. 밤마다 나타나는 만성적인 이갈이 또한 스트레스의 영향으로 인한 것입니다. 근육통증은 갑작스럽게 근육이 격렬한 수축을 할 경우에 발생합니다.

④면역계

스트레스에 따른 부정적인 정서들은 각종 면역계에도 질환을 일으킬 수 있습니다. 면역억제 질환이나 과잉면역이 바로 그것입니다.

만성적인 스트레스는 신속하고 효과적인 면역반응을 보이는 우리 몸의 능력을 억제합니다. 예를 들어 바이러스 등의 유해

물질이 체내에 들어왔을 때 면역기능과 같은 체내 방어기능에 이상이 생기면 비정상적인 세포 성장이 일어납니다. 이러한 비정상적인 세포 성장이 계속될 경우 암으로 발전하게 됩니다. 이와 반대로 스트레스는 과잉면역을 일으키기도 합니다. 과잉면역이란 면역계가 자신의 세포와 외부에서 들어온 유해물질을 구분하지 못하고 스스로를 공격하는 상태를 말합니다. 류머티즘 관절염, 다발성 경화증, 알레르기와 같은 질병들이 이에 해당합니다.

⑤ 소화계

스트레스는 소화계에도 큰 영향을 미칩니다. 특별한 원인 없이 위장에 불편함과 통증을 느끼는 기능성 위장 질환이 대표적입니다.

소화는 보통 자율적인 평활근의 수축과 소화액의 분비로 통제됩니다. 하지만 스트레스가 만성적으로 지속될 경우, 평활근을 긴장시키고 위산과다를 일으켜 소화과정에 문제를 일으킵니다. 기능성 위장 질환으로 기능성 소화불량과 과민성 장 증후군이 대표적입니다. 기능성 소화불량은 특별한 원인 질환 없이 속쓰림, 식후 포만감, 식욕 부

진, 위산역류, 가슴앓이와 같은 증상과 관련됩니다. 과민
성 장 증후군 또한 사람들이 일상생활에서 불편함을 경험
하게 하는 설사, 변비, 복통, 복부 팽만감과 같은 주요 증
상과 관련이 있습니다.

4

스트레스 대처 방안

    스트레스 대처는 스트레스로 인해 개인이 받을 피해를 최소화하고자 하는 일련의 노력입니다. 대처는 자동적으로 이루어지는 것이 아닌, 스트레스 상황에 우리가 적응하기 위해 학습된 반응입니다. 그렇기에 모든 대처는 노력을 필요로 합니다. 또한 우리는 자신의 행동과 노력의 결과를 평가하며 이에 따라 적절한 대처 방식을 계속해서 발달시킬 수 있습니다.

    무엇보다 중요한 점은 대처는 스트레스와 관련된 상황을 관리하고 스트레스를 최소화하기 위한 방법일 뿐 상황을 통제하거나 지배하려는 것이 아니라는 점입니다. 스트레스 대처는 크게 문제 중심, 정서 중심, 사회적 지지, 문제 회피로 구분해 볼 수 있습니다.

문제 중심 대처:
나를 괴롭히는 '문제'와 정면승부

이것은 문제를 해결하기 위해 정보를 구하고 필요한 행동을 적극적으로 시행하는 대처 방식입니다. 즉, 스트레스를 유발하는 요인이나 환경 그 자체를 바꾸려고 하는 것으로 스트레스의 원인에 직접적인 영향을 미칩니다. 문제 중심적 대처에는 원인이 되는 문제를 해결하기 위한 계획

세우기, 실제적인 행동 취하기, 필요한 정보 얻기, 새로운 기술 배우기 등이 해당합니다. 가령, 시험에서 좋은 성적을 얻지 못했다면 다음에 더 나은 성적을 얻기 위해서 구체적으로 조언을 구하고 필요한 문제집을 구매하고 계획을 세워 실제적인 행동을 취하는 것입니다.

문제 중심 대처는 문제가 무엇인지 지각하고 대안 행동을 찾아 시도해보며, 현 상황에서 가장 효과적인 대안을 선택하여 행동하는 것입니다. 이러한 대처 방식은 스트레스의 원인이 우리의 노력으로 통제 가능할 경우 매우 효과적이며 바람직합니다.

정서 중심 대처:
내 마음 속 다락방에 문제를 가두기

정서 중심 대처는 스트레스로 인해 발생한 괴로운 감정을 완화하는 것을 목적으로 합니다. 그로 인해 스트레스에 의한 고통, 두려움, 불안 등의 부정적 정서를 조절하고 통제하고자 노력합니다. 대표적인 정서조절 방법으로는 영화보기, 쇼핑하기, 술 마시기, 수다떨기, 주의전환하기, 환상과 소망하기 등이 있습니다. 이와 같이 정서 중심적 대처의 대부분은 문제를 부정하거나 회피하는 방식으로 나타납니다.

그렇기에 문제에 대한 근본적인 해결을 가져오진 않는다는 점에서 한계가 있습니다. 이것은 마치 우리 마음 속

에 다락방을 하나 두고 꺼내보기 힘든 일들을 어두운 방에 밀어 넣는 것과 같습니다. 하지만 결국 문제가 내 눈에 보이지 않을 뿐 실제로는 해결된 것은 아니라는 점을 기억할 필요가 있습니다.

앞서 살펴본 문제 중심 대처는 문제가 해결 가능할 때, 다른 말로 하면 문제를 스스로 통제할 수 있을 때 효과적입니다. 하지만 스트레스의 원인이 통제 불가능할 경우라면 정서 중심 대처가 오히려 현실적인 대처 방법일 수 있

정서조절을 위한 행동전략

습니다. 통제할 수 없는 것은 때로 그 자체로 흘려보내는 것이 미덕이기 때문입니다.

정서 중심 대처는 정서적 고통을 줄이기 위해 상황에 대해 거리를 두거나 사건의 의미를 재해석하는 등의 노력을 포함합니다. 또한 운동, 명상, 음주, 분노 발산과 같은 행동적 전략도 이용할 수 있습니다. 이러한 방법들은 완전하지는 않지만 스트레스를 일시적으로 해소할 수 있습니다.

결론적으로, 문제 중심 대처와 정서 중심 대처는 큰 차이가 있습니다. 문제 중심 대처는 스트레스 상황에서 문제 자체를 해결하는 전략이며, 정서 중심 대처는 스트레스에 수반되는 정서를 조절하는 전략입니다. 일반적으로 문제 중심대처는 정서 중심 대처보다 효과적이고 건설적입니다. 하지만, 재난이나 사별 등의 상황과 같이 주어진 상황을 개인이 변화시키거나 통제하기 어려운 경우에는 정서 중심 대처가 더욱 효과적인 모습을 보입니다. 또한 외상적 상황 초기, 혹은 갑작스러운 스트레스로 개인이 압도될 경우 단기간 동안 정서 중심 대처를 통해 스트레스를 억제할 수 있습니다. 그 때문에 정서 중심 대처는 상당부분 개인을 보호하는 역할을 합니다.

실제 스트레스 상황에서 사람들은 한 가지의 대처 방안에만 의존하는 것이 아닌, 여러 방식을 동시에 사용할 가능성이 큽니다. 이를테면 문제 중심 해결과 정서 조절을 동시에 사용하는 것입니다. 이러한 대처 방식을 문제-정서 혼합식 대처 방식이라고 합니다.

유독 자신에게 가혹한 사람에게 주는 심리처방전

스트레스 상황에서 개인은 심리적으로 압도당합니다. 그렇기 때문에 때로 상황을 객관적으로 살피며 그에 맞는 적절한 대처를 능수능란하게 하지 못할 가능성이 큽니다. 왜냐하면, 우리는 로봇이 아니라 감정이 있는 사람이기 때문입니다. 혹시 힘든 상황에서 무기력해진 스스로를 보면서 자책했던 적이 있나요? 무기력해진 자신이 할 수 있는 유일한 해법이 때로는 누워서 휴식을 취하는 것이 전부일 수 있다는 점을 가끔은 인정할 필요가 있습니다. 마치 열심히 일한 전자제품이 배터리 충전을 할 시간이 필요한 것처럼 말입니다. 그렇게 스스로를 내버려 둔 후, 조금씩 아주 작은 것이라도 움직여 보는 것이 필요합니다. 예를 들어 서랍 정리하기, 오래된 옷을 정리하기, 약간의 산책하기 등 아주 작은 일상의 행동이 때로 우리에게 큰 자신감을 선물해 주기 때문입니다. 이것은 신경생물학적으로도 꽤나 타당한 설명입니다. 우리의 뇌는 일단 뭐라도 일을 하나 시작하면, 선조체와 전전두피질에서 도파민이 분비됩니다. 도파민이 분비되면, 해야할 일을 할수 있는 긍정적인 에너지가 생겨나게 됩니다. 그렇다면 우리는 지금 여기서 내가 할 수 있는 한가지를 시작하는 것만으로도 긍정의 에너지를 생성해 내고, 그 에너지를 통해 정말 내가 해야할 일을 시작할 수 있게 됩니다.

사회적 지지추구:
내 마음을 알아주는 한 사람이 있다면…

우리는 때로 마음 둘 곳이 없어 외롭고 허전하다는 느낌을 지울 수 없습니다. 세상에 혼자 던져진 것 같은 두려움이 엄습할 때 내 옆에 나와 함께 마음을 나누고 온기를 더해 줄 누군가가 있다면 얼마나 든든할까요?

　사회적 지지추구는 스트레스를 만드는 문제나 상황을 해결하기 위해 타인에게 조언이나 정서적 지지를 받음으로써 스트레스에 대처하는 것을 의미합니다. 이것은 인간 관계 차원에서 이해해 볼 수 있습니다.

　혼자서 모든 것을 해결하기 어려운 인간은 반드시 타인의 존재를 필요로 합니다. 그것이 때로는 실제적인 도움으로서 가령, 물질, 필요한 정보 등이 될 수도 있고, 때로는 관심, 애정, 응원 등의 정서적 도움이 될 수도 있습니다. 중요한 것은 이러한 도움을 요청하고 필요할 때에 적절한 도움을 받을 수 있는 혹은 도움 받을 수 있다고 믿는 사람

은 훨씬 더 행복하다는 것입니다. 심지어 우리가 누군가와 따뜻하게 연결되어 있을 때 마치 금연을 하는 것만큼 건강에 이로울 수도 있습니다.

문제 회피: 그 문제는 없던 걸로 하고 싶다

이도 저도 생각하기 싫다면 우리는 때로 주의를 돌려 문

제를 회피하고자 합니다. 회피 지향적 대처, 즉 문제 회피
는 스트레스를 만드는 상황이나 문제의 존재 자체를 부정
하고 외면하는 전략입니다. 다른 대처 방식들과는 다르게
회피 지향적 대처는 문제를 외면하고 망각하려는 가장 소
극적인 대처 방식입니다. 이 대처는 행동적 회피와 인지적
회피로 나눌 수 있습니다. '행동적 회피'는 자신에게 스트
레스를 주는 상황 그 자체를 피하는 것을 의미하고, '인지
적 회피'는 스트레스를 합리화하거나 인지적으로 잊으려
고 하는 것을 의미합니다.

　이러한 문제 회피는 일시적으로는 그 문제로부터 벗어나
게 해주지만, 상황에 대해서는 개선된 것이 아무 것도 없기

때문에 때로 무책임한 결과가 야기될 수 있습니다. 문제를 바라볼 용기가 나지 않아서 다른 일에만 집중하거나 혹은 인간관계에서 상대방과 갈등이 심할 때 자리를 피하거나 대화를 나누는 것 자체를 회피하는 것 역시 이에 해당합니다. 내 눈에 보이지 않을 뿐 문제는 여전히 존재하고 때로 악취를 더하며 곪고 있을 수도 있습니다.

결론적으로 문제가 내 곁에 존재하고, 그것이 한동안 나를 괴롭게 할 수 있다는 것을 수용하는 것이 중요합니다. 그리고, 그것에 주의를 기울여서 때로 당당하게 직면하고, 마지막으로 그 사건이 나의 삶에 어떤 의미가 있는지를 발견하려는 노력이 필요합니다. 우리의 삶을 큰 틀에서 봤을 때, 우리는 필연적으로 크고 작은 어려움을 경험하게 되고, 그것을 다루는 가장 현실적이고 건설적인 방법은 사건의 의미를 스스로 만드는 것_{meaning-making}입니다. 의미는 그 사건 자체에 있는 것이 아니라, 내 마음 속에 있는 것이기 때문입니다.

4

혼자서 하는
일상 속
스트레스 관리

스트레스는 우리를 일방적으로 공격하지 못하기 때문에, 스트레스 그 위에 올라서서 그것을 통제하는 것이 중요합니다 여기서 '통제'는 실제로 통제하는 것을 말하는 것이 아니라 '통제 가능성에 대한 지각' 의미합니다. 직접 통제하지 않더라도 자신이 통제할 수 있다고 지각하는 것만으로도 스트레스를 줄일 수 있다는 것이 중요한 사실입니다. 또한 사건을 직접적으로 통제하지 않고 사건의 발생을 예측하는 것만으로도 스트레스를 줄일 수 있습니다. 왜냐하면 세상에서 가장 큰 공포는 '예측 불가능'이기 때문입니다.

1

나의 욕구와 신념 돌아보기

　자신의 마음을 잘 다스리고 지속적으로 관리하는 것은 스트레스를 줄이는 것뿐 아니라 재발 방지에도 도움이 됩니다. 우리는 끊임없이 스트레스 사건에 직면하면서 살아가게 됩니다. 하지만 상당부분의 스트레스는 외부적인 것이 아니라 우리의 생각과 신념, 그리고 욕구에 의해서도 생겨날 수 있습니다. 우리는 무엇보다 내 마음을 돌아보고 성찰함으로써 스트레스를 현명하게 통제할 수 있습니다.

동기관리: 현실성 있는 목표 설정하기

스트레스를 관리하기 위해서는 먼저 자신의 현재 욕구와 동기, 현실 상황 그리고 인지를 파악하는 것이 매우 중요합니다. 스트레스는 자신이 가지고 있는 동기가 충족되지 못하거나 좌절이 예상되면 나타납니다. 또한 우리의 생각과 다르게 사람들은 종종 자신의 욕구와 동기를 정확히 파악하고 있지 않거나 심지어 의식하지 못하기도 합니다. 이러한 경우에는 비합리적 인지와 함께 내면의 갈등이 발생하기도 합니다. 따라서 자신이 무엇을 원하

무턱대고 도전하지 말고,
나의 동기와 방향성을
잘 살펴봐야합니다.

는지 명확하게 이해하고 현실 상황과의 갈등을 줄이는 것
이 중요합니다.

먼저, 자신이 진정으로 추구하는 동기와 그렇지 않은 동
기를 구분할 수 있어야 합니다. 우리는 자신이 원하는 것
에 대해 실제로 많은 고민을 하지 않습니다. 왜냐하면 끊
임없이 외부의 기준에 맞추어 살아가도록 훈련받아 왔기
때문입니다. 즉, 내가 원하는 것보다는 타인 혹은 사회가
요구하는 것을 내가 진짜 원하는 것이라고 믿었을지 모릅

니다. 히긴스Higgins[5]는 우리의 자기self를 현실자기, 이상자기, 의무자기로 구분하였습니다. 현실자기는 실제 지금의 나를 의미하고, 이상자기는 내가 바라고 꿈꾸는 이상적인 상태의 나를 의미합니다. 마지막으로, 당위자기는 의미있는 타인 혹은 사회가 규범적으로 요구하는 당위적인 모습의 나를 의미합니다. 그런데 문제는 나의 현실자기와 이상자기, 혹은 나의 현실자기와 의무자기의 괴리가 너무 큰 것입니다. 예를 들어, 현재의 내가 다니는 학교나 직장, 나의 사회적인 스펙 등에 만족하지 못하고, '지금 정도라면

---

5   Higgins, E. T. (1987). Self-discrepancy: a theory relating self and affect. *Psychological review, 94*(3), 319-340.

내가 이 모습이 아니라 저 정도의 모습은 돼야 하는데…'
하고 스스로의 모습을 수용하지 못한채 계속해서 이상적
인 어떤 모습, 혹은 의무적인 어떤 모습과 자신을 비교하
는 것입니다. 이것은 우리로 하여금 불안, 죄책감, 우울 등
의 부정적인 마음을 갖게 합니다.

　두 번째, 자신의 동기가 조화롭지 않고 한쪽으로 과도
하게 치우쳐 있을 경에도 우리는 스트레스를 받게 됩니
다. 우리의 삶에서 '균형'은 굉장히 중요합니다. 무엇이
든 한쪽으로 과도하게 치우쳐져 있는 것은 고통을 줄 수
있습니다. 특히 동기적인 측면은 더욱 그러합니다. 이것
을 학자들은 '역기능적인 동기'라고 부릅니다. 다시 말

해, 어느 한 쪽으로 과도하게 치우쳐진 불균형적인 동기는 우리의 삶에서 제대로 기능하지 못한다는 것입니다.

가령, 지나치게 깊은 인간관계를 모든 사람과 추구하고자 하는 동기는 어떠한 식으로든 충족될 수 없습니다. 왜냐하면 우리는 늘 언제나 상대방과 긴밀히 연결되어 있을 수 없을 뿐만 아니라, 모두와 내가 깊은 관계를 맺는 것은 현실적으로 불가능하기 때문입니다. 또는 과도하게 항상 누군가의 인정을 받아야 한다는 동기 혹은 언제나 경쟁에서 이겨야 한다는 성취동기 역시 조화가 깨진 동기입니다. 우리는 살아가면서 적절히 독립적이면서 적절히 연결되

어야 하며, 적절히 만족하면서도 적절히 스스로를 자극하는 것의 균형과 조화의 미덕을 깨달아야 합니다.

마지막으로, 내가 원하고 요구했던 것이 적절히 충족되었음에도 불구하고 더 완벽해야 한다는 비합리적인 신념 때문에 만족하지 못하는 경우가 많습니다. 이러한 불만족을 느낄 경우에는 자신 스스로에게도 불만족을 느끼게 됩니다. 앞서 언급한 현실자기와 이상자기의 괴리, 현실자기와 당위자기의 괴리가 때로 우리에게 더 열심히 살아야겠다는 동력을 제공할 수도 있지만, 현재의 자기에 대한 수용과 만족이 없는 상태에서 자꾸 더 나은 무언가를 요구

하는 것은 우리의 마음을 피폐하게 합니다.

아들러Adler[6]는 인간의 행동은 과거 경험이 아닌 미래에 대한 기대에 의해 좌우되며, 인간은 누구나 자신의 삶에서 실현하고자 하는 궁극적인 목표를 가진다고 주장하였습니다. 즉, 인간은 모두 보편적으로 열등감을 경험하는데 이것은 우리가 삶에서 완전성을 실현하기 위해 노력하는 존재이기 때문입니다. 하지만, 그는 인간에게는 건강한 열등감과 건강하지 않은 열등감이 있다고 구분하였습

---

6   Adler, A. (1929). Melancholia and paranoia. In A. Adler (Ed.), *The practice and theory of individual psychology*. London: Routledge & Kegan Paul (Original work published 1914).

니다. 건강한 열등감은 열등감을 극복하기 위해 건설적인 생활양식을 가지고 자기완성을 실현해 가는 반면, 건강하지 않은 열등감은 열등감으로 인해 우월성에 지나치게 집착하고, 파괴적 생활양식을 가짐으로써 신경증적인 콤플렉스를 보인다는 것입니다. 당신의 열등감이 당신을 성장시키는 건강한 동력인지 아니면 당신에게 신경증적인 콤플렉스와 과도한 스트레스만 주는 걸림돌인지 생각해 볼 필요가 있습니다.

완벽주의의 함정에서 벗어나오기

우리의 스트레스는 때로 완벽한 사람이 되고 싶은 욕구 혹은 완벽한 성취를 이루고 싶다는 욕구에서 생겨나기도 합니다. 하지만 모든 상황에서 완벽하고 싶다는 욕구는 사실 정반대의 결과를 야기하기도 합니다. 가령, 나에게 주어진 어떤 일을 100% 완성해야 하는데 수행 단계에서 무언가 하나가 내 마음에 들지 않습니다. 이럴 경우 당신은 어떤 선택을 합니까? 완벽할 수 없을 바에 모든 것을 포기하는 편입니까? 아니면 그 상태에서 최선을 이루기 위해서 마지막까지 노력을 기울입니까? 대부분의 완벽주의자들은 포기하고 맙니다. 완벽할 수 없을 바에 안 하는 것이 낫다고 생각하기 때문입니다. 하지만 이러한 경험들이 쌓이다보면 결국 삶에서 일구어 낼 수 있는 것들이 줄어들게 됩니다. 결과적으로, 완벽주의는 완벽을 만들어 내기 어렵습니다. 실제 우리의 성취는 완벽한 하나가 아니라 수많은 실패와 반복 속에서 완성됩니다. 이를 위해 우리는 여러 허점들을 감내해야 합니다. '최고의', '가장 훌륭한' 이라는 타이틀에 대한 욕심을 내려놓고, 주어진 상황에서 '그냥 하나라도 해보는 것' 이것이 때로는 당신에게 가장 큰 심리적인 힘이 됩니다.

인지 관리: 생각의 방향을 점검하기

자신의 동기를 점검했다면 다음으로 인지 관리를 통해 자신의 생각을 점검하고 더 나은 방향으로 비합리적 신념과 사고를 변화시켜야 합니다. 여기서는 단순히 스트레스 상황을 부정적으로 생각하지 않고 긍정적인 측면과 기능을 함께 고려하는 열린 자세가 필요합니다. 앞서 우리가 계속 살펴봤듯 상황은 그 자체로 스트레스를 야기하지 않습니다. 그보다는 그 상황에 대한 자신의 인지적인 평가와 해석이 중요합니다. 그렇기 때문에 자신이 가진 비합리적 신념을 합리적인 신념으로 반박해보고 변화시킬 필요가 있습니다. 노트에 스트레스 사건과 그에 대한 생각을 담은 일지를 쓰거나, 타인과의 대화를 통해 자신의 경험을 이야기하면서 비합리적인 신념을 살펴보고 수정할 수 있습니다. 여기서는 자신의 비합리적인 신념을 수정할 수 있는 구체적인 기법에 대해서 소개하려 합니다.

① 합리적 정서 행동 치료
대표적인 비합리적 신념을 교정하는 방법은 앨버트 앨

리스Albert Ellis[7]의 합리적 정서 행동 치료Rational Emotive Behavior Therapy: REBT입니다. 사람들은 특정한 상황을 자신만의 사고 방식으로 해석하며, 그로 인해 다양한 정서를 경험할 수 있습니다. 유독 상황에 대해서 비합리적으로 생각하고 해석하는 사람들은 그렇지 않은 사람들에 비해서 스트레스와 우울감과 같은 정서적인 문제를 느끼게 됩니다.

합리적 정서 행동 치료는 행동에 대한 과거의 영향보다 현재에 초점을 맞추고 개인의 신념은 적극적이고 지속적인 노력을 통해 변화할 수 있음을 주장합니다. 사람들은 비합리적 신념에 따른 부정적인 정보처리를 바꾸어 스트레스를 능동적으로 감소시킬 수 있습니다. 다시 말해, 능동적으로 자신의 정보처리 방식을 변화시킴으로써 비합리적 신념으로 인한 우울과 스트레스와 같은 힘든 정서를 수정할 수 있다는 것입니다.

합리적 정서 행동 치료는 비합리적 신념을 합리적인 신념체계로 대체시키면서 스트레스를 감소시키는 ABCDE 단계를 제안합니다.

---

7   Ellis, A. (1995). Changing rational-emotive therapy (RET) to rational emotive behavior therapy (REBT). *Journal of Rational-Emotive and Cognitive-Behavior Therapy*, *13*(2), 85-89.

여기서 A는 선행사건Activating event입니다. 선행사건은 '길을 가다가 마주친 친구가 인사를 하지 않고 지나갔다', '계속해서 취업에 실패하고 있다'와 같이 개인에게 정서적 혼란을 유발하여 스트레스를 일으키는 주요 자극을 의미합니다.

하지만 단순히 선행사건이 결과를 유발하는 것이 아니고, 개인이 그러한 사건에 대해 가지는 비합리적인 가치관과 태도가 스트레스를 유발합니다.

A
선행사건

• 개인에게 정서적 혼란을 야기하여 스트레스를 유발하는 주요자극.

어? 친구가 나와 마주치고도 인사도 없이 쓱 지나가네?

여기서 개인의 가치관과 태도가 신념체계인 B_{Belief system}입니다. 신념체계는 합리적 신념과 비합리적 신념으로 나뉘며 스트레스를 유발하는 신념체계는 비합리적 신념입니다. 비합리적 신념에는 당위적 사고, 과장적 사고, 인간 비하적 사고, 낮은 인내성 등이 해당됩니다. 특히 Ellis는 반드시, 항상, 절대로 그래야 한다는 당위적 사고가 비합리적 신념의 핵심 사고라고 지적하였습니다. 당위적 사고는 불가피한 좌절 상황에서 현실을 과장해서 지각하는 과장적 사고와 그 상황을 자신, 혹은 타인에게 귀인하는 인간 비하적 사고, 그리고 낮은 인내성을 보입니다.

이러한 신념체계는 다음 단계인 C 결과Consequences에 영향을 미칩니다. 이 결과는 부정적인 인지·정서·신체·행동적 효과를 의미합니다. 인지 정서적 효과는 분노, 심적 고통, 의욕상실, 집중력 감소 등이 있고 신체적 효과는 근육긴장, 편두통, 불면증, 피로 등이 있습니다. 그리고 행동적 효과는 사소한 일에도 신경질을 내거나 혼자서 음주를 하는 횟수의 증가와 같은 것들과 관련이 있습니다.

비합리적 신념체계는 논박을 통해서 합리적인 신념으로 바꾸어야 합니다.

여기서 D는 논박Disputing으로 논리적 논박, 경험적 논박, 실용적 논박으로 나뉩니다. 논리적 논박은 비합리적 신념의 비논리성을 지적하는 것입니다. 경험적 논박은 비합리적 논박이 거의 현실적이지 않다는 것을 지적하는 것이고, 마지막 실용적 논박은 비합리적 신념에 따른 정서적, 행동적 결과가 자신에게 과연 도움이 되는지 묻는 것입니다. 비합리적 신념에 따른 결과의 부정적인 측면은 자신을 과도하게 비난하는 것으로 실제적으로 삶에 도움이 되지 않기 때문에 합리적인 방향으로 신념을 변경할 필요가 있습니다.

마지막 E는 효과Effect입니다. 효과는 논박 과정에 대한 적절한 효과를 평가하는 것으로서 비합리적 신념을 합리적인 신념으로 대치한 다음에 느끼게 되는 자기 수용적인 태도와 긍정적인 감정의 결과를 의미합니다. 구체적으로, 비합리적 신념에 따른 결과로 나타난 분노, 우울, 심리적 고통이 감소하고 긍정적이고 바람직한 정서로 바뀌는 인지·정서적 효과, 스트레스에 따른 신체적인 증상이 감소하는 신체적 효과, 마지막으로 자신이 처한 상황에 적응적으로 행동하는 행동적 효과로 나누어 볼 수 있습니다.

E

효과

• 분노, 우울, 심리적 고통이 감소하고 긍정 정서로 변화.

• 스트레스에 따른 신체증상 감소.

• 자신이 처한 상황에 적응.

마음이 편해졌어~

 Practice: 혼자서 해보는 REBT실습

최근 당신을 힘들게 했던 사건을 머릿속에 떠올려 보고 아래 빈칸을 채워보세요.

(1) 선행사건Activating events

✚ 그 사건을 객관적으로 기술해 보세요.

예) 친구가 다른 사람들 앞에서 나의 성격의 안 좋은 면을 지적하였다.

⇨ _____

(2) 신념Belief

✚ 그 사건에 대해 내가 가지고 있었던 생각과 신념을 기술해 보세요.

예) 친구가 나를 공개적으로 무시했다. 좋은 친구는 나에 대해서 절대 험담을 하면 안 된다.

⇨ _____

(3) 결과Consequences

✚ 위의 신념으로 인해 생긴 나의 정서 및 행동의 반응을 기술해 보세요.

예) 화가 나고 수치스러워서 심장이 두근거렸다.

⇨ _____

(4) 논박Disputing

✚ 내가 가진 신념이 과연 효율적이고 합리적인지
생각해 보고, 보다 건설적인 신념으로 수정해 보
세요.

예) 친구가 나를 무시해서가 아니라 깊은 생각없이 단
순히 한 말일 수 있다. 나 또한 별 생각 없이 내뱉
는 말이 많으니 친구도 그럴 수 있을 거라 생각
한다.

⇨

(5) 효과Effect

✚ 새로운 신념을 통해 변화된 자신의 정서·신체·행동
의 변화를 생각해 보세요.

예) 마음이 한결 가벼워지고 친구에 대한 분노가 조금
가라앉았다.

⇨

② 자동적 사고와 인지적 오류 수정하기

아론 백Aron Beck[8]에 따르면, 우울한 사람들은 실패, 상실, 좌절과 관련된 부정적인 사고 패턴을 쉽게 보입니다. 다시 말해 우울한 감정과 부적응적인 행동은 그 사람이 가지고 있는 부정적인 생각에 의해서 촉발된다는 것입니다. 하지만, 그러한 사고가 너무나 자동적으로 빠르게 나타나기 때문에 본인이 그런 사고를 인식하지는 못 하지만 그 결과에 해당하는 우울한 감정은 그 사람에게 남게 됩니다.

이러한 자동적 사고는 우리에게 스트레스와 우울감을 야기하는데, 이것은 현실을 부정적인 측면으로 과장하거나 왜곡한 결과입니다. 마치 그러한 사고가 합리적이라고 생각할 수 있지만 사실은 그렇지 않고, 여러 사건의 의미를 해석하는 과정에서 생긴 자신의 인지적 오류입니다. 다음은 우리가 일상에서 쉽게 저지르는 인지적 오류의 예시입니다.

a. **흑백논리적 사고**: 사건의 의미를 이분법적으로 나누는 오류. 내 편 아니면 적, 성공 아니면 실패 등으

---

8   Beck, A. T. (1976). *Cognitive Therapy and the Emotional Disorders.* New York: International Universities Press.

로 사건을 구분하고, 회색지대를 생각하지 못하는 것입니다. 가령, 나의 의견에 전적으로 찬성하지 않고 비판의견을 낸 동료에게 "내 생각에 비판을 하다니, 저 사람은 나의 적이야."라고 생각함으로써 과도하게 이분법적으로 상황을 정리하는 것입니다.

♥ 당신은 최근 극단적으로 이분법적인 사고를 한 적이 있나요? 만약 있다면, 그 경험을 어떻게 수정해서 생각해 볼 수 있을까요?

- 경험: _____

- 수정: _____

b. 과잉일반화: 몇몇 소수의 경험으로부터 일반적인 결론을 내리고, 전혀 무관한 상황에서도 그러한 결과를 적용함으로써 과도하게 '항상 그렇다', '늘 그렇다'라는 일반화를 하는 것입니다. 가령, 친구가 몇 번 나의 이야기에 집중하지 못했는데 "너는 늘 내 이야기를 듣지 않아", "너는 늘 나를 무시해"와 같이 과장되게 상황을 설명하는 것입니다.

♥ 당신은 최근 과잉일반화를 한 적이 있나요? 만약 있다면, 그 경험을 어떻게 수정해서 생각해 볼 수 있을까요?

- 경험: _____

- 수정: _____

c. 선택적 추상화: 특정한 사건과 관련된 일부의 정보만을 선택적으로 받아들이면서 그것이 마치 전체가 다 그렇다고 잘못 해석하는 오류입니다. 가령, 내가 발표를 했을 때 한 사람의 표정이 시무룩했는데, 그 자리에 있던 모두가 내 발표를 듣고 표정이 안좋았다고 사실과 다르게 해석하는 것입니다.

♥ 당신은 최근 선택적 추상화를 한 적이 있나요? 만약 있다면, 그 경험을 어떻게 수정해서 생각해 볼 수 있을까요?

- 경험: _____

- 수정: _____

d. 의미확대와 의미축소: 경험한 사건의 의미나 그것의 중요성을 실제보다 지나치게 확대하거나 축소함으로써 오류를 범하는 것입니다. 특히 자신에게 긍정적인 사건은 지나치게 의미를 축소하고, 부정적인 사건은 실제보다 더 의미를 확대하는 것입니다. 가령, 자신이 이룬 성공경험은 누구나 할 수 있는 별 것 아닌 것이라고 생각하고, 자신이 한 실패는 과도하게 확대하여 자신을 비하하는 것입니다.

컵을 깨다니! 난 매사가 실수투성이인 인간이야...

♥ 당신은 최근 의미확대 혹은 의미축소를 한 적이 있나요? 만약 있다면, 그 경험을 어떻게 수정해서 생각해 볼 수 있을까요?

- 경험: _____

- 수정: _____

e. 개인화: 자신과 무관한 사건임에도 불구하고 자신과 관련된 것으로 잘못 해석하는 것입니다. 가령, 길을 지나가는 사람이 웃는 모습을 보고 나의 못생긴 얼굴을 비웃는 것이라고 자신과 연결지어 잘못 해석하는 것입니다.

♥ 당신은 최근 개인화 사고를 한 적이 있나요? 만약 있다면, 그 경험을 어떻게 수정해서 생각해 볼 수 있을까요?

- 경험: _____

- 수정: _____

f. 잘못된 명명: 사람의 특성이나 행위를 묘사할 때 과장되거나 부정적인 명칭을 사용하는 오류입니다. 가령, 자신이 계획한 것을 완벽하게 실천하지 못한 자신을 보면서 "나는 구제불능 쓰레기야"라고 과도하게 부적절한 부정적인 명명을 하는 것입니다.

♥ 당신은 최근 잘못된 명명을 한 적이 있나요? 만약 있다면, 그 경험을 어떻게 수정해서 생각해 볼 수 있을까요?

- 경험: _____

- 수정: _____

2

이완법

우리는 스트레스 상황에서 숨이 가빠지고, 심장이 빠르게 뛰고, 몸이 경직되는 것을 경험합니다. 아마도 미간을 잔뜩 찌푸리고 턱 근육에도 잔뜩 힘이 들어가고 어깨도 경직되는 것을 느낄 수 있습니다. 이완법은 우리의 몸과 마음이 연결되어 있기 때문에 몸의 상태를 의도적으로 편안하게 함으로써 그에 따라 마음도 함께 진정시키는 방법이라고 이해할 수 있습니다. 즉, 호흡을 가다듬고 경직된 표정과 자세를 편하게 취함으로써 우리의 마음 역시 보다 편해질 수 있다는 것입니다. 그 예로, 긴장이 될 때 가볍게 미소를 짓거나 소리를 내어 웃거나 날뛰는 심장을 진정시

키기 위해 천천히 깊게 호흡하는 것입니다. 보톡스 주사를 통해 얼굴 근육을 마비시킴으로써 불안한 감정이든 기쁜 감정이든 얼굴 표정을 잘 짓지 못하는 사람들은 실제로 그에 해당하는 감정의 경험이 줄어다는 점 역시 표정·자세와 우리의 마음과의 관련성을 지지해 줍니다.

점진적 이완법은 애드먼드 제이콥슨Edmand Jacobson[9]이 제시한 기법으로서 긴장과 이완을 반복하면서 자신의 감각을 변별하는 능력을 발달시키는 것입니다. 이완법은 단순하게 신체를 이완하라는 지시만으로 끝나지 않습니다. 이

9   Jacobson, E. (1924). The technic of progressive relaxation. *The journal of nervous and mental disease*, 60(6), 568-578.

완법은 기본적으로 긴장할 때의 감각과 이완할 때의 감각을 구별하는 능력을 발달시켜 본인 의지로 골격근을 이완할 수 있도록 합니다. 심장, 혈관을 포함하는 내장계통의 긴장은 골격근의 긴장과 관계가 있기에, 역으로 골격근을 이완시키면 내장계통이 함께 이완됩니다.

이완법의 구체적인 방법은 다음과 같습니다. 먼저, 조용한 장소에서 안락한 의자에 누워서 눈을 감고 시작합니다. 처음에는 깊게 호흡하고 천천히 내쉰 다음 신체의 긴장 수준을 일시적으로 증가시킵니다. 긴장 수준을 증가시키는 이유는 근육 수축을 통해 긴장 감각을 경험하면서 반대로 긴장이 없는 상태인 이완상태를 감지하기 위해서입니다. 긴장 수준이 증가하였다면 근육조직에 대한 긴장을 서서히 풀면서 몸의 이완에 집중하고, 체계적인 이완을 실시합니다.

예를 들어, 만약 손의 근육을 선택한다면 양쪽 손 중 하나를 선택하고 의도적으로 긴장 수준을 증가시킵니다. 주먹을 쥐어서 강하게 손가락을 꽉 쥐고 그것을 유지합니다. 그다음에 천천히 긴장을 풀면서 점진적으로 힘을 쭉 뺍니다. 일반적으로 긴장은 10초, 이완은 20초 정도 유지합니다. 이러한 동작을 팔, 얼굴, 목, 어깨, 가슴, 배, 등, 다리,

발, 전신을 포함해 점차적으로 반복해서 진행할 수 있습니다. 연구들에 따르면 이완법을 통해 스트레스 증상이 완화되고 스트레스 호르몬인 코르티졸 수준도 감소될 수 있습니다.

3

자기긍정과 감사

　우리 자신을 긍정적으로 변화시키기 위해서 자신의 긍정적인 면에 주의를 집중하는 것이 상당히 도움이 될 수 있습니다. 자신이 이전에 한 긍정적인 행동에 초점을 맞추어 그것을 상세히 기술함으로써 스스로에 대한 긍정의 이미지를 높이고, 앞으로 더 건설적인 행동을 하도록 스스로를 유도할 수 있습니다. 다음 질문에 한번 스스로 대답해 보세요. 질문에 해당하는 경험을 한 적이 있다면 '예', 없다면 '아니오'로 답을 하고, 예라고 답을 한 경우에는 관련된 경험을 구체적으로 기술해 보세요.

♥ **당신이 잊고 있었던 당신의 긍정적인 경험을 떠올려봅시다.**

① 어떤 일이 무척 하기 싫었는데, 꾹 참아내고 일을 완성
해 낸 적이 있습니까?

⇨ _____

_____

② 힘들어하는 누군가를 위해 작게라도 배려했던 적이 있
습니까?

⇨ _____

_____

③ 스스로 목표를 설정하고 그것을 이루기 위해 하루라도
노력했던 적이 있습니까?

⇨ _____

_____

또한, 감사는 우리의 삶을 풍족하게 만들어줍니다. 스트레스 상황에서 무슨 감사를 하겠냐고 반문할지 모르겠지만, 실제로 경험적 연구들은 감사가 오히려 우리에게 행복을 전해준다는 것을 입증하였습니다. 또한 감사와 같은 긍정적인 정서는 불안, 우울과 같은 부정적인 정서로부터 더 쉽게 회복하게 해주는 회복효과가 있습니다. 그렇기 때문에 감사할 거리가 생기면 감사하겠다는 생각보다는 지금 당장 뭐라도 하나 감사거리를 찾는 것이 우리 삶에서는 훨씬 더 유익할 수 있습니다.

예를 들어, 불안한 상황에서 계속해서 그것을 생각하기 보다는 의도적으로 긍정적인 생각을 하고, 감사거리를 찾는 것은 불안 해소에 도움이 될 수 있습니다. 이것은 단순히 착각이 아닙니다. 실제로 감사는 도파민, 세로토닌 등 우리의 행복과 관련되어 있는 신경전달물질을 더욱 증가시키고, 심지어는 수면의 질을 높여주기도 합니다.[10] 행복하기 때문에 감사하기 보다는, 감사하기 때문에 행복할 수 있다는 것은 매우 중요한 사실입니다.

---

10 Ng, M. Y., & Wong, W. S. (2013). The differential effects of gratitude and sleep on psychological distress in patients with chronic pain. *Journal of health psychology*, *18*(2), 263-271.

♥ 어느 날 아침 눈을 떴는데, 내 곁에 아무것도 느껴지지 않고, 보이지도 않고, 들리지도 않습니다. 주위는 온통 어둡고 차갑습니다. 누군가의 온기도 느껴지지 않습니다. 이 순간 당신은 무엇을 가장 그리워할까요? 곰곰이 생각해 본 후 5가지를 구체적으로 작성해 봅시다.

1. _____

2. _____

3. _____

4. _____

5. _____

당신이 작성한 5가지는 늘 당신 곁에 있어서 소중함을 잊고 지낸 것들입니다.

마무리

우리는 지금까지 스트레스에 대한 정의와 원인, 그리고 증상, 대처방법 등에 대해서 알아보았습니다. 스트레스는 만병의 근원이라고 칭할 만큼 인간의 삶에 압도적이지만, 상당 부분의 스트레스는 우리의 마음 속에서 만들어지며, 또한 우리의 연약함 때문에 더욱 과장되고 확장되기도 한다는 점을 알 수 있습니다. 사람과 환경은 서로 상호작용한다는 것은 심리학의 기본원칙입니다. 우리는 환경의 수동적인 피해자가 아니라 능동적인 전략가입니다. 나의 작은 생각의 전환, 소소한 행동의 변화는 옆 사람에게 영향을 미치고 나를 둘러싼 환경에 영향을 미칩니다. 그리고 이러한 변화는 스트레스로 가득 찬 역경 상황에서 누구나 시도해 볼 수 있는 시험입니다. 그래서 스트레스는 우리에게 한편으로는 역경이지만, 다른 한편으로는 성장의 발판입니다. 역경과 성장의 패러독스, 그 답은 우리의 생각과 결정에 달려있습니다.

쉽게 쓴 **스트레스 심리학**

초판 인쇄 2021년 11월 26일
초판 발행 2021년 11월 30일

지은이 송영선 장민희 정태연 오한진
펴낸이 김재광
펴낸곳 솔과학
편 집 디자인86
영 업 최회선
등 록 제10-140호 1997년 2월 22일
주 소 서울특별시 마포구 독막로 295번지 302호(염리동 삼부골든타워)
전 화 02)714 - 8655
팩 스 02)711 - 4656
E-mail solkwahak@hanmail.net

ISBN 979 - 11 - 87124 - 95 - 5 03180